Dr. med. Volker Steffen

AESKULAP(P)ALIEN

mit Vignetten von Ursula Steffen

BAND II

EDITION FREIBERG

Umschlaggestaltung:
Tina Heise nach einer Vorlage von Ursula Steffen
Scans und Layout: Jens Schröder

Druck und Binden: Druckerei GEMI s.r.o • Prag

ISBN: 978-3-9813413-6-2

Inhaltsverzeichnis

Gedichte V
Des Pudels Kern   8
Rauchzeichen   10
Die Wunderheilung oder: Paradoxe Intention   12
Bauchentscheidung   15
Hase, Wolf und Handy   16
Die Qual der Wahl   23

Limericks
Deutsche Städte N – P   26

Gedichte VI
Der Defekt   38
Der Sündenfall   40
Der Worko-holic   42
Hundstage   44
Verhüten ist bessser als heilen   47

Limericks
Deutsche Städte Q – R   50

Gedichte VII
Schwerarbeit   60
Wechselwirkung   62
Ampelmännchen   65
Wunschkandidaten   67

Limericks
Deutsche Städte S – T   70

Gedichte VIII
Heiteres Beruferaten 90
ER-satz 91
Zahn um Zahn 94
Geburtensteuerung 96

Limericks
Deutsche Städte U – Z 100

Kehrreime II 122

Doppelzüngiges II 132

Limericks
Internationale Städte N – Z 138

Die Mark hat ausgedient 149

Bac(c)han(n)alen 153

Gedichte V

Des Pudels Kern

Die Straßenbahn der Linie „Acht"
Hat grad' am Rathaus Halt gemacht.
Da steigt hinzu ein Rasseweib,
Blond, sexy, wohlgeformt der Leib.
Die Männerwelt kommt stark ins Staunen,
Man hört ein Tuscheln und ein Raunen.
Und – schützend vor der Menschen Strudel
Hält sie im Arm 'nen weißen Pudel.
Den setzt sie sich auf ihren Schoß
Und schon fährt auch der Wagen los.

Jetzt tritt der Ede auf den Plan,
Sieht auch nicht schlecht aus – der Galan.
Er ist ein stets Erfolggewohnter
Von vielen Frauen schon Belohnter.
Setzt sich der Dame vis à vis,
Nimmt ins Visier das süße Vieh.
Es denkt bei sich der Schwerenöter:
Ihr komm' ich nah über den Köter.
Der wird grad' pausenlos getätschelt;
Ist offensichtlich sehr verhätschelt.

„Mein schönes Fräulein, darf ich's wagen
'Nen Herzenswunsch hier vorzutragen:
Bei so 'nem wunderschönen Frau(s)chen
Würd' gern ich mit dem Hündchen tauschen!"
„So, so, mein Herr!" lächelt sie heiter,
„Da denken wir doch einmal weiter.
Sie würden sich wahrscheinlich grämen,
Des Pudels Stelle einzunehmen.

Zum Tierarzt nämlich führt mein Weg
Und der Verdacht ist, den ich heg'
Daß d a s wär' nicht gerad' von Nutzen:
Ich lass' ihm heut' sein Schwänzchen stutzen!"

Rauchzeichen

Es treibt jedes Jahr der glimmende Stängel
Zehntausende Bürger in grausamen Tod,
Macht blühende Menschen ganz früh schon zum Engel.
Drum Bahn der Vernunft! Strikt RAUCH-VERBOT!

Doch was für den Raucher ist rechtens und billig
Das trifft auch für and're Bereiche wohl zu;
Und ist zum Verzicht man nicht frei und nicht willig
Dann schafft eben auch ein Gesetz das Tabu.

Da wäre als erstes die Knoblauchzehe
Manch' Mitbürger sieht (riecht) beim Kollegen gleich ro
Er droht bei dem stinkenden Atem mit: „Wehe!"
Und fordert vom Staate das LAUCH-VERBOT.

In Deutschland sind Dicke in Überzahl,
Man isst gern Gehacktes statt schwarzem Brot.
Der Speckwanst – gesundheitlich Übel und Qual –
Es fordern die Kassen ein BAUCH-VERBOT.

Beim Tauchen und Schnorcheln in südlicher See
Da findet manch einer den nassen Tod.
Vom Haifisch gepackt dort in grausiger Näh'
Da muß man plädieren fürs TAUCH-VERBOT.

Soldaten die robben fürs Vaterland
Durch Drahtverhaue auf des Spießes Gebot.
Sie kriechen auf Knien durch Matsch und durch Sand.
Das Völkerrecht fordert hier KRAUCH-VERBOT.

Ein Reifen, der platzt auf der Autobahn;
Riss manchen bei 100 schon früh in den Tod.
Der Pneu hat sein unsel'ges Werk oft getan
Da hilft nur das eine – ein SCHLAUCH-VERBOT.

Hat einer ein Traumhaus an spanischer Küste
Dann sieht manch' Kollege vor Neid gelb und rot.
Besitz eines an'dren weckt finst're Gelüste.
Da hülfe ein „Will's-haben-AUCH-VERBOT".

Beim Fernseh-Quiz lockt eine ganze Million
Doch sitzt auf dem Stuhle so mancher Idiot.
Hält Honeckers Erich für Putins Sohn
Am besten wäre ein JAUCH-VERBOT.

Eine Hausfrau aus Weimar ging mal auf Safari,
Wildtiere seh'n schon im Morgenrot.
Die Mutigste von allen, ja Leute, das war sie
Erteilt' einer Löwin ein FAUCH-VERBOT.

Stoppt dich mal im Vollrausch die Polizei
Bei 200 Sachen abrupt – on the road
Und will, daß du pustest ins Röhrchen ganz frei:
Dann hilft dir als Selbstschutz nur 'n HAUCH-VERBOT.

Und die Moral von der Geschicht':

HAUCH, LAUCH, SCHLAUCH, KRAUCH, TAUCH,
FAUCH, und BAUCH –
Darf man dies' alles nicht.
Ist's schlicht dagegen nur der RAUCH –
Fällt hierbei leicht uns der Verzicht.

Die Wunderheilung
oder: Paradoxe Intention

Par excellence – ein Hypochonder
Wehwehchen hier, Wehwehchen dort
Wie kein zweiter leiden konnt' er
Krankheit jedes zweite Wort.

Läuft von Arzt zu Arzte täglich
München, Bonn, auch in der Nähe
Leidet trotzdem schier unsäglich
Killte manche Koryphäe.

Keiner wollt' bei ihm was finden,
Immer hieß es nur: o. B.
Mußt' er weiter sich doch schinden.
Von Kopf bis Fuß tat alles weh.

Beim Orthopäden Knochendichte
Der Internist schreibt EKG.
Auch Ausschluss einer Hautgeschichte
Und nicht mal Hepatitis C.

Kein Loch im glatten Trommelfelle
Das Sehvermögen wie ein Luchs.
Auch sexuell ist er zur Stelle
Der Magen ohne Saft-Reflux.

Auch klappt die weitere Verdauung
Der Gang zum Stuhl ist exzellent.
Der Six-pack optisch 'ne Erbauung
Im Herzen nicht mal e i n e n Stent.

Kein Plattfuß und kein Hallux valgus
Kaum Karies im Vollgebiss
Die freien Adern ohne Kalkfluss
Kein Schweißfuß sorgt für Ärgernis.

Nie war die Rede von Thrombose
Die Nervenbahnen leiten frei
Kein Zeckenbiss mit Borreliose
Schweinsgrippe nicht – als letzter Schrei.

Doch alles dies' kann uns'ren Mann
In keinem Falle trösten
Er klebt an den Problemen dran
Für ihn – die ungelösten.

Der Otto – lange ihm bekannt –
Ein' Freundesdienst – den tat er.
Und schickt' ihn – weil er so verrannt –
Kurzum zu 'nem Psychiater.

Der macht gleich Psychoanalysen
Und stellt ganz schnell und sicher fest:
Gesund von Kopf bis zu den Füßen
Gibt Hypochondern oft den Rest.

Auf uns'res Mann's besorgte Fragen
Wie es denn ehrlich um ihn stehe,
Ob es in wen'gen Tagen, Wochen
Mit ihm denn nun zu Ende gehe,

Sagt unser Seelenarzt ganz leise
Und seine Stimme klingt versteinert:
„Das ist das Ende Ihrer Reise –
Ihr M o x o d y x u s ist verkleinert.

Wenn ich ganz ehrlich raten soll
Noch einmal schnell zur Arbeit laufen
Der Mond wird wohl nicht noch mal voll
Und keine Langspielplatte kaufen!"

Der Mensch ist darob hoch beglückt
Dass man sein Leiden ihm bescheinigt.
Kein Mensch sagt mehr, er sei verrückt
Von jedem Vorurteil gereinigt.

Er lebt noch heut' – ist froh und munter
Zeugt Kinder und beglückt sein Weib
Die Medizin tut wahre Wunder,
Nie tat's mehr weh im ganzen Leib.

(M o x o d y x u s : hochwissenschaftlich
klingender medizin. Phantasiename)

Bauchentscheidung

Ein Mensch rief an, dass man ihm helf'
Den Kranken-Notdienst Hundert-Zwölf.
Der naht mit Blaulicht und Sirene
Ärztliche Kunst beherrscht die Szene.

Nicht g'rade sehr beherrscht benimmt sich
Der Mensch, vor starken Schmerzen krümmt sich.
Zuhause drum ist keine Verbleib
Es schmerzt zu stark der Unterleib.
Der Mensch – gestresst – gar nicht mehr fit is
Er hat eine Appendizitis.

Vom Notraum dann im Hospital
Geht's gleich in einen OP-Saal
Dort wartet schon die Zunft in Grün
Man will sich optimal bemüh'n.

Schon setzt der Chef zum Bauchschnitt an
Da meldet schüchtern sich der Mann:
„Ich will nur noch mal leis' betonen,
Sie müssen meine Stimme schonen!"

Der Op'rateur ist konsterniert
Ist der Patient vielleicht verwirrt?
Es kam schon mal bei Strumen vor
Dass ein Patient die Stimm' verlor.

Doch hier – verdammt! – was soll die Frage
Bei strikt abdomineller Lage?
Der Mensch hier baldigst Klarheit schuf:
„Bin Bauch-Redner im Hauptberuf!"

Hase, Wolf und Handy

Sei's eine Folge von Gewöhnung
Sei's das Ergebnis von Versöhnung.
Kaum war es noch erinnerlich:
Has' und Wolf vertrugen sich.

Und so schritten die Kumpane
Heftig schwenkend eine Fahne
Auf der groß zu lesen stand:
„Neue Tiere braucht das Land!"

Doch im Eifer des Geschehens
Fand man sich ganz unversehens
Plötzlich tief in einem Wald
Wo von fern die Büchse knallt'.

Jägers Stolz ist das Gewehr,
Doch die List vermag noch mehr.
Üb'ler Trick der Jagdgesellen
Ist das feige Fallenstellen.

Mit Hinterlist die grünen Buben
Schachten sie ganz tiefe Gruben.
Und mit Holz und Laub bedeckt,
Wird der Hinterhalt versteckt.

Angelegt auf Weges Mitte
Bremst es bald des Hasen Schritte.
Und mit einem Mordsgezeter
Stürzt er gut anderthalb Meter.

Ratlos steht der Wolf am Loch
Könnte man hier helfen doch.
Schon kommt ihm da ein Gedanke
Hoffnungsfroh zittert die Flanke.

Läßt den langen Schwanz herab,
Den Has' zu retten aus dem Grab.
Zieht wie an 'nem Rettungsseile
Mümmel 'raus in aller Eile.

Das Hasenherz hüpft toll vor Lust.
Er hat es immer schon gewusst:
Des Wolfes Image ist zwar bös',
In Wahrheit ist er generös!

Erneut beschworen ist der Bund
Zur Freude gibt es allen Grund.
Mit schnellem Schritt kommt man voran,
Doch neues Unheil bahnt sich an.

Verdächtig knackt's im Unterholz,
Aus ist es mit dem ganzen Stolz.
Kaum noch ist der Himmel hell
Und die Angst kriecht unters Fell.

Schon glaubt' man freies Feld zu seh'n,
Da bleibt dem Has' das Herze steh'n.
Denn unser Wolf mit großem Knalle
Fällt seinerseits in eine Falle.

Die Grube ist noch tiefer hier,
Schon todgeweiht das arme Tier.
Der Mümmel möcht' sich revanchieren,
Heraus den Wolf zu expedieren.

Doch wie er sich auch dreht und wendet
Des Schwanzes ganze Länge spendet.
Des Hasen Mühen bleibt frustran:
Kein Wolf reicht an dies' Schwänzchen 'ran.

Doch Meister Lampe ist ein Dandy,
Hat stets zur Hand das neu'ste Handy.
Ruft schnellt per Funk die Feuerwehr,
Die kommt mit Blaulicht flugs daher.

Mit Sprungtuch und mit Bergungsleiter
Ist unser Wolf ein bald Befreiter.
Der Löschzug macht dann schleunigst kehrt
Und zu 'nem richt'gen Brande fährt.

Die Rettung kam in letzter Not,
Fast war der graue Wolf schon tot.
Voll Glück in echtem Überschwang
Sagt er dem Hasen herzlich Dank.

Was lehrt uns diese Tier-Parabel
To overcome des Lebens trouble:
Ist's Schwänzchen kurz und oft zu lasch,
Hab' stets ein Handy in der Tasch'!

Die Qual der Wahl

Ein smarter Herr – schon über Sechzig
War alle Zeiten stets gut drauf,
Doch jetzt das flotte Leben rächt sich,
Drum sucht er seinen Hausarzt auf.

Gelenke schwellen bei Arthritis,
Die Magensäure zeigt Reflux.
Im EKG sehr schnell der Beat is;
Das ganze Leben eine Crux.

Dazu kommt Osteoporose
Mit Schmerzen – dauerhaft und groß
Das Schlimmste aber – in der Hose
Ist selten nur noch etwas los.

Ab 2 Uhr morgens Nykturie
Mit einem äußerst schwachen Strahl,
Die Leber derb und groß wie nie.
Statt Lebensfrische nur noch Qual.

Was soll der Doktor da empfehlen,
Wo gibt es eine Panacee,
Die – ohne ihn noch mehr zu quälen –
Erlöst von seinem ganzen Weh?

Es bleibt allein wohl der Verzicht
Auf bisher oft genoss'ne Freuden.
Die Formel heißt ergreifend schlicht:
Sie müssen manches einfach meiden.

Erstens nenn' ich hier die Frauen
Die Kräfte Kosten Tag und Nacht.
Man sollt' platonisch sich erbauen,
Was aber kaum viel Freude macht.

An zweiter Stelle steht der Wein,
Der Leber, Herz und Hirn verwirrt.
Karenz heißt hier der wahre Stein –
Des Weisen – der nur selten irrt.

Doch diese Aussicht für den Delinquenten
Wär' Anlass für 'ne tiefe Depression.
Vielleicht sogar das Leben zu beenden
Mit einer Überdosis Methadon.

Darum – zu mindern diesen Frust
Lässt Dr. X. sich dann erweichen:
E n t w e d e r Stopp der Fleischeslust
O d e r Wein im Leben streichen.

Patient stimmt zu dem Kompromiss,
Wenn schon ein Laster ist zu meiden:
Ob Wein, ob Weib das bess're ist,
Das soll der J a h r g a n g jetzt entscheiden.

Limericks

Deutsche Städte N – P

NEUSS I

Ein medical student aus Neuss
Der liebte statt Girls nur die Boys.
  Er wirkt wirklich smart
  Mit 3-Tage-Bart.
Da hat er dann auch „multiple choice".

NEUSS II

Ein Biertrinker aus der Stadt Neuss
Verkündete: „Nie ich bereu's,
  Seit Kindertagen
  Trink ich meine Lagen
Bleib' Anhänger dieses Gebräu's."

NEUSTRELITZ

Chirurgen der Klinik Neustrelitz
Erzählten den neuesten OP-Witz.
  Die Pointen sind kräftig
  Die Witze recht deftig.
Zum Glück merkt Patient davon eh' nix.

NIEMEGK

Einem Modefriseur aus Niemegk
Dem lief bald sein weibliches Team weg.
  Wollt' mit seinen Schäfchen
  Nichts als ein Schläfchen.
Er gilt als ein wahrer Intim-Schreck.

NIESKY

Eine sorbische Dame aus Niesky
Trank täglich fast 1 Liter Whisky
  Ihr Mann – ein Asket –
  Das gar nicht versteht.
Er hat resigniert und verließ sie.

NORDENHAM

Ein stark Krimineller aus Nordenham
So gar nicht mehr richtig zum Morden kam.
  Bei 'ner Mords-Schießerei
  Trifft ihn die Polizei.
Klopft vergebens jetzt an Himmels Pforten an.

NORDHAUSEN

Ein Hauptkommissar in Nordhausen
Ließ den Täter nach einem Mord sausen.
  Der floh unerkannt
  Mit einem „TRABANT"
Obwohl – es stand g'rad ein „FORD" draussen.

NORDHORN

Ein Quartalstrinker aus der Stadt Nordhorn
War als Rennfahrer im Auto-Sport vorn.
  Stoppt' ihn jüngst Polizei
  Mit Promille – fast drei.
Denn er trank fleißig in seinem Ford Korn.

NÜRTINGEN

Ein Eiskunstlaufpärchen aus Nürtingen
Das wollte 'ne traumhafte Kür bringen.
 Doch nichtsdestotrutz
 Fehlt der dreifache LUTZ
Sie konnten nur 'n AXEL dafür springen.

ODENWALD

Es fuhr ein Mann nachts durch den Odenwald
Da wurden ihm plötzlich die Hoden kalt.
 Seine Frau – ziemlich kess
 Fasst hinein in sein Dress
Und erweckte damit die Toten bald.

OSCHATZ

„Für 'nen durchfälligen Herren aus Oschatz
Macht bitte sofort auf dem Klo Platz!"
 Er sagt: „'S ist schon wichtig
 Der Ort ist gleich richtig.
Eh' ich mir noch alles vom Po kratz'!"

OSNABRÜCK

Es prallte 'ne Kugel in Osnabrück
Von dem Knochen ab, denn's Os war dick.
  Bei 'nem Banküberfall
  Hört' man laut einen Knall.
Es hatte – verdammt! – unser Boss da Glück.

(Os: in der Medizin allgemeine
Bezeichnung für einen Knochen)

OSTFILDERN

Zwei Heizungsbauer – Ostfildern
Die wollten den starken Frost mildern.
　Doch die Rohre verrottet
　Die Esse versottet.
Wie soll man solch bösen Rost schildern?

PADERBORN I

Ein Schulmädchen – lebend in Paderborn
Das hatte sich ganz ihrem Bad verschwor'n.
　Sie duschte fast stündlich
　Und badete gründlich.
Das Wassergeld erregt bei dem Vater Zorn.

PADERBORN II

Ein Kassenarzt – Praxis in Paderborn
Trinkt gern mal mit seinem Vater Korn.
　Hat er gar noch Bereitschaft
　Das Fahren ihm Leid schafft.
Sitzt im Auto dann mit 'nem Kater vorn.

PARCHIM

Die Frau eines Mannes aus Parchim
Störte sein nächtlich's Geschnarch' schlimm.
  Als es noch eskalierte
  Pausenlos er agierte
Da wünschte sie fast einen Sarg ihm.

PASEWALK

Ein älterer Lehrer aus Pasewalk
Der hatte ganz stark in der Blase Kalk.
  Der formt sich zum Stein
  Bereitet viel Pein.
Beim Wässern da drückt es wie'n Blasebalg.

PASSAU

Einem Opernsänger aus Passau
Dem wurde erheblich sein Bass flau.
   Er sang gern den Falstaff
   Hier auf Hopfen und Malz traf.
War ganz schön nach zehn Glas vom Fass blau.

PEINE

Ein Nervenfacharzt in Peine
Therapiert Schizophrene – sonst keine.
   Die Person ist gespalten
   Das lässt sich gestalten
In Form z w e i e r Krankenscheine.

PFORZHEIM I

Bronchitiker in der Stadt Pforzheim
Produzierten morgens 'nen Mords-Schleim.
  Sammelten – nur so zum Spass –
  Fast ein 10-Liter-Fass.
Das könnte schon GUINNESS-Rekord sein.

PFORZHEIM II

Ein Ire erkrankt' schwer in Pforzheim.
Fährt über'n Kanal zu den Lords heim.
  Auf dem Fährschiff „MARLENE"
  Verhängt man gleich Quarantäne
Bis zur Ausrottung von diesem Bords-Keim.

PFUNGSTADT

Ein Öko-Bauer aus Pfungstadt
Auf dem Hof einen Haufen mit Dung hat.
  Der riecht penetrant
  Wie sonst nichts im Land.
Er setzt damit klar jeden Skunk matt.

PIRMASENS I

Ein Geschäftsführer ruft laut in Pirmasens:
„Feurio! Leute, in uns'rer Firma brennt's!"
  Der Tresor wurd' sehr heiß
  Codewort hier keiner weiß.
Nur die Tussy vom Chef – Fräulein Irma – kennts.

PIRMASENS II

Im großen Umkreis von Pirmasens
Da hat eine sehr hübsche Irma Fans.
  Sie zeigt gern als Clou
  Am Popo ein Tattoo.
Fast jedermann in jeder Firma kennt's.

PLAUEN I

Einem Stomatologen aus Plauen
Dem fehlten acht Zähne zum Kauen.
  Sein Freund – Architekt
  Macht sogleich ein Projekt
Und lässt 'ne Betonbrücke bauen.

PLAUEN II

Bei 'ner modischen Dame aus Plauen
Da konnte man viel Fleisch beschauen.
  Ihr Spitzenhöschen
  Bedeckt kaum das Schößchen.
Da wollt' mancher Mann sich was trauen.

POCKING

Ein ältlicher Lover aus Pocking
Mit Blicken stets an jedem Rock hing.
  Doch schritt er zur Tat
  Einer Dame sich naht;
Für diese sein Anblick war Shocking.

POTSDAM I

'Nen HNO-Arzt tätig in Potsdam
Kam hin und wieder der Kotz an.
  Bei eit'rigem Schleim
  Schickt die Leute er heim.
„Komm' Sie wieder, wenn sie keinen Rotz ha'm!"

POTSDAM II

Eine Grippekranke aus Potsdam
Seit Tagen im eigenen Rotz schwamm.
  Ihr Arzt meint da nur:
  „Wir bau'n auf Natur.
Vertrau'n soll man in die Kraft Gott's ham."

PREETZ

Eine lüsterne Dame aus Preetz
Fragt ihren Lover: „Wie steht's!"
  Der war nicht in Form
  Und ziert sich enorm.
Erst nach drei Viagra da geht's.

PRENZLAU

Ein cleverer Hausarzt aus Prenzlau
Der machte es aus Konkurrenz schlau.
  Mit des Mammons Fluch
  Wird beim Hausbesuch
Daraus eine MERCEDES-BENZ-Schau.

PULHEIM

Ein rüstiger Rentner aus Pulheim
Bemerkte seit läng'rem im Stuhl Schleim.
  Der Doktor dies hört
  Sich gar nicht dran stört
Und meint nur, man muss da ganz cool blei'm.

Gedichte VI

Der Defekt

Ein Mensch, der heut'gen Tag's was zählt
Muss hell sein und dynamisch.
Null Chancen für den, der sich quält,
Der abgespannt und lahm is'.

So ging es leider Alfons Lusche
Der – morgens kaum dem Bett entstiegen –
Schön gähnen muss unter der Dusche
Ab elf Uhr muss er wieder liegen.

Schafft er es mal bis zum Betrieb,
Ist's meistens schon fast Feierabend
Die Sekretärin ist ganz lieb –
Den Mann mit stärkstem Kaffee labend.

Beim Autofahr'n vor roter Ampel
Ist unser Mensch schlicht eingenickt.
Die Schlange schimpft ihn „Dummer Pampel",
Sie weiß ja nicht, was ihn bedrückt.

Sitzt er entspannt im Breitwandkino –
Es läuft Teil 2 von „Herr der Ringe"
Trotz Lärm von Monstern, Hobbits, Dino,
Muss er zum Wachsein stets sich zwingen.

Sein Chef lädt ein in heil'ge Hallen
Zum Gala-Essen ins „ADLON",
Er lässt den Suppenlöffel fallen,
Sein Gähnen wird dort zum Affront.

Doch neulich erst in Magdeburg,
Zum Vorteil ward's, dass man so müd' is:
Das Messer wetzt schon der Chirurg
Bei hochakuter Chol'cystitis.

Bereits beim Legen der Kanüle
Gähnt mehrfach er und dreht sich um.
Verlassen wird er vom Gefühle,
Das spart ganz viel Narkotikum.

Ist mal die Liebesglut entfacht,
Charmante Jungfrau'n ihn umfächeln.
Da sagt er gähnend: „Gute Nacht!"
Und hat für Sex nur müdes Lächeln.

Ein Rätsel für die Wissenschaft
Gewirr von neuen Phänomenen.
'Ne tiefe Wissenslücke klafft,
Derweil der Mensch muss weiter gähnen .

Seit VIRCHOW forscht man an der Zelle,
Doch jetzt ist's höchste der Gefühle,
Dass man das Innerste erhelle
Der kleinsten Eiweiß – Moleküle.

Das chron'sche Müdigkeits-Syndrom
Ward jüngstens völlig aufgedeckt.
Wer soviel gähnt – dessen Genom
Hat – sonnenklar – 'nen Gen-Defekt!

Gen-Therapie wird angewendet
Der Spezialist versteht sein Fach.
Das Dauer-Gähnen ist beendet.
Der Mensch liegt jetzt ab 2.00 Uhr wach.

Der Sündenfall

Ein Mensch, der gar an vielem leidet
Zum Arztbesuch sich just entscheidet.
Der Doktor untersucht ihn gründlich
Und verkündet 's Urteil mündlich:
„Sie sind – weiß Gott – viel viel zu fett;
Die Nahrung ändern wir komplett.
Statt Fleisch, Wurst, Käse, Schokolade
Empfehl' ich Müsli und Salate.
Und nutzen Sie der Stunde Gunst:
Verzichtet wird auf blauen Dunst.
Statt täglich Schnaps und Bier und Sekt
E i n Gläschen Roter nur noch schmeckt.
Wenn man an Diabetes leidet
Auch Torten, Snacks und Nougat meidet.
Verzicht auch auf Cholesterine
Statt Butter – Öl und Margarine.
Wenn Sie den Wunsch nach Schlankheit hegen
Muß man sich täglich viel bewegen!"

Der Mensch dies alles gern beherzt,
Auch wenn es anfangs etwas schmerzt.
Kam eines Tags – nach Praxisschluß
Weil ein'ges er noch fragen muß.
In wirklich dringlich – nöt'gen Fällen
Darf man beim Arzt zu Hause schellen .
Da öffnet – zaghaft – Doktors Frau,
Denn jener ist anscheinend blau.
Im Flur schon riechts nach Zigaretten
Man kann vor Qualm sich kaum noch retten.
Im Esszimmer es mächtig dampft:
Der Doktor 'n fettes Eisbein mampft.

Er sitzt und schwitzt ganz ohne Regung,
Es fehlt ganz sicher die Bewegung.
Denn 100 Kilo – oder mehr
Zu aktivieren – das fällt schwer.
Ein Butterbrot und ein Omelett
Sie machen das Idyll komplett.
'Ner süßen Speise zum Dessert
Folgt dann ein doppelter Likör.

Der Mensch ist völlig irritiert,
Weil er die Diskrepanz hier spürt.
Für ihn ist dieser Arzt erledigt,
Der Wein trinkt und nur Wasser predigt.
An Klärung ist hier wohl Bedarf.
Der Arzt, der kontert messerscharf:
Er gäbe Rat – erklärt ganz leis' er
Den W e g zur Heilung nur den weis' er.
Ein Wegweiser steht nie am Ziel,
Selbst alles tun – das wär' zu viel.
Ein Mensch bleibt daher dieser Arzt
Auch wenn er dick ist und viel quarzt.

P.S.:
Die Praxis machte jüngstens dicht.
Ein Grabstein sprach von steter Pflicht.

Der Worko-holic

Ein Mensch liebt die Aktivität
Ist früh bis spät auf seinen Beinen.
Er fast im GUINNESS-Buch schon steht,
Bill Gates sei Pate – möcht' man meinen.

Er leitet 'nen Privatbetrieb
Ist ständig da als Mann für alles.
Die Firma schwarze Zahlen schrieb
Was sonst im Osten kaum der Fall 'is.

Hat selbst ein Eigenheim errichtet
Sein Grundstück misst fast 50 Ar
Wie Adenauer Rosen züchtet
Macht Trekking-Urlaub jedes Jahr.

Bei seinem Weib er sich nicht schont
Macht auf potenten Macho
Ward' mit 6 Kindern schon belohnt
Hat 'nen galanten Touch so.

Hat noch zwei Kinder adoptiert
Von sieben Neffen ist er Taufpat'
Im Dauerstress er hier agiert
Ist familiär – Hamster im Laufrad.

Schläft wie Napoleon nur 3 Stunden
Gibt nachts um Zwei dem Hund noch Frolic
Hat wahre Ruhe nie gefunden
Er ist und bleibt ein Worko-holic.

Bei hohem Blutdruck, Diabetes
Er sich mit seinem Arzt beharkt
Letztens auch Brustschmerz – kaum noch geht es
Es droht massiver Herzinfarkt.

Der trat dann ein auch letzte Nacht
Es musste alles sich verschlimmern
So dass er bald das Letzte macht'
Im EKG war Kammerflimmern.

Was nützt nun alles liebe Geld,
Es rächt sich Hektik, Arbeitsstress.
Nur Schaffen, das war seine Welt,
Das trieb er oft bis zum Exzess.

Die Nachwelt öffnet zum Vermächtnis
Ein umfangreiches Testament
Er soll uns bleiben im Gedächtnis
Als Arbeitsheld wie man ihn kennt.

Drum darf man ihn nicht erdbestatten
Sondern dem Feuer übergeben.
Die Asche soll dabei – als Schatten –
Symbolisch ewig weiterleben.

Man möge – so sein letzter Wille
Die Asche in 'ne Sanduhr tun.
So kann er dann in aller Stille
Stets weiterlaufen und nie ruh'n.

Hundstage

Es sitzen drei Herren am Stammtisch
Als Hundebesitzer bekannt.
Es dampfen die Klöße und Lamm frisch
Doch sie lauschen einander gespannt.

Ein jeder weiß heut' zu erzählen
'Ne Story von mutiger Tat
Vor Stolz Männerbrüste sie schwellen
Die Vierbeiner sind echt auf Draht.

Mein Bernhardiner – sagt der Erste –
Hat mir mein Leben neu geschenkt.
Die Aufgabe – die allerschwerste –
Er hat den Rettungstrupp gelenkt.

Wurd' von 'ner dicken Schneelawine
Im Hochgebirge tief begraben.
Es suchten Bergwächter – alpine –
Die mich dann schnell geborgen haben.

Doch ohne meines Hundes Nase
Wär' ich ein Ötzi heut' vielleicht
Und läge tot schon unterm Grase
Der Schädel hohl und ausgebleicht.

Der Zweite schwört auf seinen Boxer
Der ihm sein Leben wiedergab.
Ich lag am Boden schon, im Schock schwer
Da hielt die Schläger er auf Trab.

Zwei kriminelle Mordgesellen
Stürzten sich hinterrücks auf mich
Konnt' mich nicht mehr entgegenstellen.
Sie schlugen und beraubten mich.

Mein BELLO kannte keine Gnade
Verteidigt' mutig seinen Herrn
Biss er in Hinterteil und Wade
Und hielt so das Gelichter fern.

Begeistert von solch' Heldentaten
Wird nun befragt der dritte Mann
Er möge seinerseits verraten
Was wohl sein Hund beitragen kann.

Ich war erkrankt an schwerster Grippe
Mit hohem Fieber, Pneumonie
Sprang eben g'rad noch von der Schippe
Und ich erkläre gleich das „Wie".

Mein Weib rief schnurstracks uns'ren Doktor
Der kommt sofort und heftig schellt
Da wurd' von meinem Hund geblockt er
Und strikt der Medicus verbellt.

Die Frau den Notruf alarmiert
Der kommt mit Blaulicht und Geräten
Erneut der Hund interveniert
Verbeißt den Doktor med-en.

Entging so Spritzen, Krankenhaus
Und allgemein ärztlicher Kunst
Es heilte alles gründlich aus
Durch meines Hundes Gunst.

Verdank' mein Leben meinem Hund
Dem tierischen Gespür
War nie – wie heute – so gesund
Drum sitz' ich glücklich hier.

Und die Moral von der Geschicht':
Wär', dass die Krankenkasse,
'nen Rettungshund mache zur Pflicht –
Egal ist – welcher Rasse.

Verhüten ist besser als heilen

Nach Mitternacht schrillt die Sirene
Im Notrufzentrum Berlin – Mitte:
Ein Herzinfarkt – verstopfte Vene?
Doch ganz verschämt hört man die Bitte:
„Herr Doktor eilen Sie herbei!
Nur ungern da bemüht er Sie
– der Sohn – verschluckte Eins, Zwei, Drei
'Ne Schachtel voll Verhüterli.

Das Team setzt sich gleich in Bewegung
Professionalität regiert;
Doch wird auch menschlich tiefe Regung
Bei diesem schweren Fall verspürt.
Man fährt mit Sechzig, Siebzig, Achtzig
Kein Rot der Ampel ist Tabu.
Mit Blaulicht freie Bahn es macht sich
Das Notfallfahrzeug mit der Crew.

Erstürmt das Hochhaus, rauf die Treppen
Mit Defi, EKG-Gerät
Muß noch zu Viert die Trage schleppen
Hoffentlich kommt man nicht zu spät.
Die Klingel wohl nicht funktioniert
Da wird die Tür gleich aufgebrochen
Man ist sehr stark ambitioniert
Denn schnelle Hilfe ward versprochen.

Doch kein schon fast erstickter Sohn
Die Eltern – dürftig nur bekleidet
Die fragen: „Ach, Sie kommen schon?"
Darauf Erstaunen sich verbreitet.
„Sie konnten ruhig Zeit sich lassen"
Erklärt der Vater unumwunden.
„Und um die Sache kurz zu fassen:
Wir hab'n 'ne Schachtel noch gefunden!"

Limericks

Deutsche Städte Q – R

QUAKENBRÜCK I

Ein Frosch in 'nem Teich nahc Quakenbrück
Der hatte mit ganz lautem Quaken Glück.
  Er sagt: „Das klingt nett,
  Meine Beute ist fett,
Wenn ich meine Zunge nach Schnaken zück'."

QUAKENBRÜCK II

Wenn ich eine Dame aus Quakenbrück
Ganz zärtlich hinein in das Laken drück'
  Dann geb' ich mein Bestes
  Meistens ist es was Festes.
So spürt sie bestimmt noch nach Tagen Glück.

RADEBEUL

Es stahlen zwei Gangster in Radebeul
Mein bestes englisches Bade-Oil.
  Es ist nicht zu glauben
  Dies' Kleinod zu rauben.
Ich heftig wegen dem Schaden heul'.

RASTATT

Ein Facharzt in Baden – in Rastatt
Mit seiner Praxis 'ne Last hat.
  Denn ein Konkurrent
  Der wahrlich nicht pennt
Der machte ihn leider schon fast platt.

RATZEBURG

Ein Arzt-Eh'paar wohnhaft in Ratzeburg
Das brachte 'ne todkranke Katze durch.
  Wegen Haar-Allergie
  Da schoren sie sie.
Jetzt schimmert beim Tier eine Glatze durch.

RECKLINGHAUSEN

Ein Gärtner aus Recklinghausen
Wollt' mir einen Steckling mausen.
  Hab' ihm gedroht
  Bewarf ihn mit Kot
Und ließ ihn wie'n Dreckfink ausseh'n.

REGEN

Ein Modegeck – Jungarzt aus Regen –
Hat bei einer Dame gelegen.
  Sie sagte mit Recht:
  „'S war gar nicht so schlecht
Mit 'nem Arzt, so 'nem Vogel, so'm schrägen."

REMAGEN

Ein Skiabfahrtsläufer aus Remagen
Der musste vor Ort sich stark beklagen.
  Keine Landschaft in Weiss
  Alles grün, Wetter heiß.
In sonst ganz sicheren Schneelagen.

REMSCHEID

Ein glatzköpf'ger Lover aus Remscheid
Der tat einem wirklich beim Kämm'n leid.
  Nahm reichlich Hormone
  Dass Sex wieder lohne.
Für'n Haarwuchs wars's echt eine Hemmzeit.

REUTLINGEN

Ein Bariton – Theater Reutlingen
Wollt' seine Kunst unter die Leut' bringen.
  Doch er hatt' Sinusitis
  Wo man nicht mehr so fit is'
So konnt' er im Stück keinen Deut singen.

(Sinusitis: Nasen-Nebenhöhlen-Entzündung)

54

RIESA

Ein Schularzt – beschäftigt in Riesa –
War äußerst frustriert jüngst durch PISA.
  Man lernt heut' was Brauch is
  Nur noch durch das JAUCH-Quiz
Und schöpft ab noch reichlichen Kies da.

RÖSRATH

Ein Mann aus der Nähe von Rösrath
War auf seine Olle ganz bös' grad.
  Sie war viel zu dick
  Zudem ohne Chic
Zehn Löcher ihr Untergehös' hatt'.

ROSENHEIM

Ein Dauerdienst-Notarzt aus Rosenheim
Der fuhr zu der Braut kurz zum Kosen heim.
  Sie wollt' weitermachen
  Versteckt seine Sachen.
So rückt er heut' ganz ohne Hosen ein.

ROTTACH-EGERN

Bei 'nem ält'ren Herrn aus Rottach – Egern
Tat sich die PQ-Zeit verzögern.
  Er denkt: „Mit AV-Block
  Ich später die Frau schock',
Soll lieber jetzt mit mir schäkern."

(PQ-Zeit: Elektrische Überleitung von den
Herzvorkammern auf die
Hauptkammern, bei Verzögerung gefährlicher
Herzblock (AV) mit
möglichem Herzstillstand)

ROTTWEIL

Eine leichtleb'ge Dame aus Rottweil
War nicht nur sehr hübsch, auch – bei Gott! – geil.
  Sie will stets vor'm Küssen
  Den Kontostand wissen.
Und bietet sich für reichlich Schmott feil.

RUDOLSTADT

Ein freigeb'ger Künstler aus Rudolstadt
Mit Gästen fast immer die Bud' voll hat.
  Das Schloss und das Tanzfest
  Erstrahlen den Glanz lässt.
Es ist eben ringsum 'ne „Tut-wohl-Stadt".

RÜSSELSHEIM

Ein Nasenverstopfter aus Rüsselsheim
Der kehrte gerade aus Brüssel heim.
  Sprach dort viel Französisch
  Durch Nasale da löst „sisch"
Mit einmal sein ganz starker Rüssel-Schleim

Gedichte VII

Schwerarbeit

Beim Kardiologen Dr. Cor –
’Ner ausgesprochn’en Koryphäe –
Stellt sich ein stark Beleibter vor,
Dass man nach seinem Herzen sähe.

Er habe Herzschmerz und Ödeme
Fast täglich nähme zu die Luftnot
Auch in der Liebe nur Probleme
Er fürchte seinen bald’gen Gruft-Tod.

Der Doktor dreht ihn durch die Mühle
Ergometrie und Echolot
MR als höchstes der Gefühle
Labor aus Blut, Urin und Kot.

Es streiken Koronararterien
Das Cor zeigt Herzinsuffizienz
Der Mensch braucht dringlich Arbeitsferien
Sonst drohen By-pässe und Stents.

Verlangt wird nun komplette Schonung
Nur Stützung bringt’s Medikament
Auf Körperruhe liegt Betonung
Weil man die Folgen bestens kennt.

So stellt der Arzt die wicht’ge Frage,
Was der Klient beruflich treibt,
Ob über oder unter Tage
Er im Belastungs-Limit bleibt.

Der Mensch druckst lange nun herum
Möcht' zum Beruf sich äußern nicht
Er bliebe sicher weiter stumm
Hätt' unser Arzt nicht Schweigepflicht.

Er gäb' es zu, sei kriminell
Moralisch tief und tiefer sack' er
Dabei genial, geschickt und schnell
Er sei ein alter Geldschrankknacker.

D e r Job zehrt mächtig an der Kraft,
Ist Schwerarbeit im wahrsten Sinn.
Wird auch manch' Euro rangeschafft,
Fürs Überleben aber kein Gewinn.

Er darf sich nicht mehr so stark schinden
Ermahnt der Kardiologe streng:
„Wir müssen eine Arbeit finden;
Das ‚Bankfach' wäre hier zu eng."

Nach reiflich langem Überlegen
Der Doktor ein Attest ihm schrieb.
Man soll 'ne zweite Chance ihm geben
Mit Umschulung auf Taschendieb.

Wechselwirkung

Ein Eheweib – sehr lieb und nett
War sparsam und total bescheiden.
Ein Edelstein in Haus und Bett
Man konnt' den Mann nur drum beneiden.

Doch seit vielleicht so 6 / 8 Wochen
Verbreitet sie von früh bis spät
Im ganzen Haus – nur nicht beim Kochen –
Unkontrolliert Aktivität.

So wechselt strikt sie die Gardinen
Nun täglich einmal völlig aus.
Sie ihr gleich nicht mehr sauber schienen.
So macht sie das im ganzen Haus.

Am Morgen noch ein Store aus Leinen,
Am Mittag hängt dort schon Damast.
Sie ist seit 5 Uhr auf den Beinen,
Tauscht aus mit 'ner Berserker – Hast.

Im Bad treibt sie es zum Exzess,
Nimmt's mit der Sauberkeit sehr gründlich.
Sie macht sich fürchterlichen Stress
Und tauscht die Handtücher fast stündlich.

Der Tic macht halt nicht vor Dessous,
Zehn neue Slips, ein Schock BH's.
Garderobe satt von Kopf bis Fuß
Das Kleiderwechseln macht ihr Spaß.

Zum Frühstück trägt sie eine Schürze,
Zum 5-Uhr-Tee ein Cocktailkleid,
Zum Mittag Minirock mit Kürze,
Zum Nachtmahl Pluderhosen – weit.

Und jüngst im Nationaltheater
Kam sie in Jeans zum ersten Akt.
Der Mann – zur Pause staunen tat er –
Zog sie sich um und kam halb nackt.

Den Mann – von Haus aus Internist –
Stört langsam dieses wilde Treiben,
Möcht' wissen, was mit ihr wohl ist.
Wer wollte da auch ruhig bleiben?

Bemüht's Labor – die Blutpalette –
Bestimmt das Kalium und Hb,
Guckt nach dem Status aller Fette
Und auch nach Hepatitis C.

War drauf und dran es aufzugeben
Da gab sich einen letzten Ruck er.
Ein Volltreffer im Ärzteleben:
BZ erhöht – das Weib hat Zucker!

Die Diagnose steht – ein Diabetes,
Doch wie erklärt sich ihr Verhalten?
In keinem Lehrbuch bisher steht es
Wie sie im Haus tat schalt' und walten.

Die Krankheit – schließt der Internist
Wo Frau'n zum Wechseln sich entscheiden
Und wo der Stoff so wichtig ist,
Ist schlicht – ein Stoffwechsel-Leiden.

Sogleich wird Insulin gespritzt,
Die Krankheit gründlich therapiert.
Wie das dem Ehefrauchen nützt,
Das hat der Mann dann auch gespürt:

Ihr Unterhemdchen trägt sie nun
Schon an die 13 Wochen.
Ein neues Handtuch hinzutun
Hat sie wohl auch versprochen.

Ampelmännchen

Berlin – die neue Metropole
Getaucht nachts in ein Lichtmeer.
Hier macht so mancher dicke Kohle
Und kulturell da steppt der Bär.

Hier wächst heran auch Schulzes Hänschen
Begabt mit Ur-Berliner Witz.
Ein echtes, freches Großstadt-Pflänzchen
Ein Musterfall moderner Kids.

Besonders int'ressiert ihn Licht
Die Leuchtreklamen und die Ampeln
Und funktionieren die mal nicht,
Fängt er vor Frust gleich an zu strampeln.

Bei „Rot" so lernt er, bleibt man steh'n,
Läßt Busse, Autos erst passieren.
Bei „Grün", da kann man fröhlich geh'n
Und ungestört entlang flanieren.

Doch wirkt der Junior überspannt
Ein Zappelphillipp, ständig hektisch
Drum soll verreisen er aufs Land,
Wo noch nicht alles ist elektrisch.

Man schreibt an Tante Rosalinde
Auf einer Alm bei Appenzell
Und die gewährt dem Großstadtkinde
Asyl – mit Freude und ganz schnell.

Dort mäht er Gras und hütet Kühe
Ist gern gesehen'n bei Tier'n des Stalles
Gibt sich beim Melken sehr viel Mühe
Geschickter Kerl, ein Bursch' für alles.

So wird er baldigst integriert
Und sonntags steht der Kirchgang an.
Ein steiler Weg zum Kirchlein führt
Barocke Pracht schlägt ihn in Bann.

Als Preuße ist er nicht katholisch
Doch ist er wahrhaft int'ressiert
Versteht die Dinge auch symbolisch
Nur etwas hat ihn irritiert.

Das ew'ge Licht auf dem Altar
Strahlt bei der Messe ständig rot.
Da hat – was zu erwarten war –
Er mit Erklärung seine Not.

Die Kirche leert sich nach der Mette,
Nur unser Freund harrt eisern aus.
Liegt wie ein Hund an seiner Kette
Und traut sich nicht zur Tür hinaus.

Die Hängelampe hoch im Chor
Zeigt rotes Licht – wie Alpenglüh'n
Das Hänschen fragend steht davor:
„Wann wird die Ampel endlich grün?"

Wunschkandidaten

Amerika – ein freies Land
Frei von so manchen Zwängen,
Für seine Toleranz bekannt
Gesetze kaum einengen.

Begeht man jedoch eine Tat,
Die Bürger stark bedroht,
Greift stahlhart zu der US-Staat.
Da sieht der Sheriff Rot.

So kennt man dort die Todesstrafe.
Wer and'rer Leben sinnlos endet.
Es sind die allerschwärz'ten Schafe
Zur Strafe sich das Schicksal wendet.

Gnadengesuch beim Präsidenten
Einspruch beim Bundesstaatsgericht
Hilft nicht dem bösen Delinquenten.
Erfüllt wird nun die Sühnepflicht.

So steh'n zwei üble Spießgesellen
Nun bald vor Gottes ew'gem Thron;
Sie müssen sich der Strafe stellen,
Für böse Tat gerechter Lohn.

Der Priester spendet letzten Segen,
Was wohl nicht immer tröstlich ist.
Um sie zur Umkehr zu bewegen
Ist viel zu kurz die letzte Frist.

Doch wie seit vielen Hundert Jahren
Gibt es am End' ein Ritual:
Da wird gewährt bei dem Verfahren
Ein letzter Wunsch, ein Henkersmahl.

Den Delinquenten – auch den schweren
Ist die Erfüllung zugesagt
Man muss es konsequent gewähren
Drum wird ein jeder auch befragt.

Der Erste kommt sogleich zu Wort:
„Ich wünsch' zuletzt mir eines nur –
Setzt' gern die Schulausbildung fort
Ich macht' noch schnell das Abitur."

Der Zweite wünscht sich ganz bescheiden
'Ne Tasse Kaffee zum Finale.
Man akzeptiert die Eigenheiten
Und reicht ihm eine volle Schale.

Der Henker fragt: „Mit Milch und Zucker?"
„Nein, Kaffee schwarz – denn nur so geht es."
Von seiner Krankheit hab' genug er:
„Ich leide stark an Diabetes!"

Limericks

Deutsche Städte S – T

SAALFELD

Einem Uro-Patienten aus Saalfeld
Seit langem schon ein kräft'ger Strahl fehlt.
  Es ganz klar sich zeigt
  Die Prostata streikt.
Das Wasser er nur noch mit Qual hält.

SAARBRÜCKEN

Ein Sportarzt beim SC Saarbrücken
Der wollte mal selbst richtig kicken.
  Fiel nach einem Foul
  Gewaltig aufs Maul
Jetzt läuft er noch, aber an Krücken.

SALZGITTER

Einem Ökologen – Salzgitter
Dem schmeckte die Luft im Hals bitter:
  „Der Rauch der Schlote
  Ist des Unheils Bote.
Um die Zukunft ich jedenfalls zitter!"

SALZWEDEL

Ein Jüngling aus der Stadt Salzwedel
Fand echt seiner Locken Schmalz edel.
  Er hatt' schon 'ne Braut
  Doch ihr Vater wurd' laut:
„Nimm diesen Geck keinesfalls, Mädel!"

SANGERHAUSEN

Zwei Frau'n – kinderlos – Sangerhausen
Das Leben schon lange sehr grau seh'n.
  'Ne Klinik 's probiert
  Beide fertilisiert.
Sie ganz glücklich und schwanger 'rausgeh'n.

SANKT GOAR

Ein knick'riger Herr aus Sankt Goar
Schon 13 – mal heut' auf dem Klo war.
  Sagt: "Jetzt nutz' ich den Rhein
  Für Groß und für Klein.
Ich dadurch 's Papier für den Po spar."

SCHAFFHAUSEN I

Ein Gorilla im Zoo von Schaffhausen
Wollt' nicht mehr in diesem Kaff hausen.
  Macht ständig 'ne Szene
  Fletscht wütend die Zähne.
Es könnt' einem vor dem Aff' grausen.

SCHAFFHAUSEN II

Ein Schweizer am Rheinfall Schaffhausen
Der wollt' nicht mehr ganz so schlaff ausseh'n.
  Drum ließ er sich liften
  Vom Kopf bis zu'n Hüften
Kann jetzt ganz stolz in dem Kaff ausgeh'n.

SCHIFFERSTADT

Die Drogenfahnder in Schifferstadt
Setzten bei Razzien die Kiffer matt.
  Schäferhündin Diana
  Schnuppert Marihuana.
Der Zöllner – jetzt alles im Griff er hat.

SCHLEIZ

Ein Facharzt für Inn're aus Schleiz
Verschrieb fast gar nichts aus Geiz.
  War der Blutdruck 200
   Tat er nur ganz verwundert.
Sein Konto füllt sich in der Schweiz.

SCHLESWIG

Ein Arzt spielt Piano in Schleswig
Er war durch und durch ein Jazz-Freak.
  Man denkt, ohne Bier
   Da spielt kein Klavier.
Doch unser Arzt trank ausschließlich NESQUIK.

SCHLEUSINGEN

Ein Tenor aus dem thüring'schen Schleusingen
Konnt' kaum mehr nach einem Pneu singen.
  Nach der Thoraxdrainage
  Singt er jetzt in Bass-Lage
Sein Repertoire muss er nun neu bringen.

(Pneu = Pneumothorax: Zusammenschrumpfen
der Lunge, nachdem Luft in den Rippenfellraum
gelangt ist. Thoraxdrainage: Absaugen dieser Luft)

SCHMALKALDEN

Ein Schönheits-Chirurg aus Schmalkalden
Beseitigt – genial – alle Falten.
  Operiert radikal
  Manchmal auch vaginal.
Doch d a hätt' man sie ganz gern behalten.

SCHONGAU

Das Haar eines Arztes aus Schongau
War durch dessen langjähr'ge Fron grau.
  Tag und Nacht nur im Einsatz
  Für die Hobbys blieb kein Platz
Und unter Kollegen der Ton rau.

SCHROBENHAUSEN

Ein Hygienearzt in Schrobenhausen
Der wusst' zwar wie Mikroben aussel'n.
  Doch sonst war er blind
  Für die Frau und sein Kind
Wenn die in chicen Roben ausgeh'n.

SCHWALMSTADT

Eine Raucherin wohnhaft in Schwalmstadt
Meint, dass viel Genuss sie vom Qualm hat.
  Täglich „zig" Zigaretten
  Kein Arzt kann sie retten…
Schon setzt sie ein Ulkus am Ball'n matt.

(Ulkus: medizin. ein Geschwür)

SCHWEDT

Ein kurzsicht'ger Bauer aus Schwedt
Vor der Augenprüftafel stumm steht.
  Man glaubt, er sei blind
  Weil kein Wort er find't.
Doch er ist schlicht Analphabet.

SCHWERIN I

Ein Magenpatient aus Schwerin
Nahm sichtlich zuviel Aspirin.
  Mit Helicobacter
  Im Blutschock versackt er.
Ihn retten nur Endoskopien.

(Helicobacter pylori: ein Magenbakterium,
das Geschwüre und Blutungen verursacht)

SCHWERIN II

Ein Tierarzt – nicht weit von Schwerin
Senkt bei Möpsen das Cholesterin.
  Dank „CHAPPI" und „PAL"
  Wurd' das Fettherz zur Qual.
Doch das Herrchen zahlt gern das Statin.

(Statine: Arzneimittelgruppe, die
die Synthese des Cholesterins
blockiert und damit Fett senkend wirkt)

SCHWERTE

Der schönste Galan der Stadt Schwerte
Sich einer Blondine frech näh'rte.
  Doch die konnt' Kung Fu
  Schlug gezielt dreimal zu.
Ihm so jeden Zugang verwehrte.

SCHWETZINGEN

Ein ganz dicker Sportler aus Schwetzingen
Der konnt' nicht mehr wegen des Fetts springen.
  Er sagte: „Gemach!
  Ich spiele jetzt Schach
Muss nur mit Figuren des Bretts ringen."

SIEBENLEHN

Ein sehr flottes Pärchen in Siebenlehn
Das konnte man im Freien lieben seh'n.
  Doch neulich war's stark,
  Ganz „ohne" im Park.
Und Dutzende Leute, die blieben steh'n.

SIEGEN

Ein extrem Adipöser aus Siegen
Ließ täglich sich dutzend Mal wiegen.
  Doch selbst nach viel Sex
  War er völlig perplex,
Dass die Pfunde noch stiegen und stiegen.

SINDELFINGEN

Einem Pädiater aus Sindelfingen
Über alles die Klein-Kindel gingen.
  Rümpft in keiner Phase
  Beim Abhör'n die Nase,
Auch wenn sie aus der Windel stinken.

SITZENDORF

Eine Rehmutter im Walde bei Sitzendorf
Die hatte an all' ihren Zitzen Schorf.
  Trotz festestem Willen
  Konnt' sie nicht mehr stillen.
Aus Not fraßen da ihre Kitzen Torf.

SOEST

Ein Nervenarzt – sesshaft in Soest
Spendet Depressiven viel Trost.
  Dem schwachen Geschlecht
  Ist dies' schon sehr recht,
Wenn sie therapeutisch er kost.

SONDERSHAUSEN I

Eine Arztfrau aus Sondershausen
Die wollte stets besonders aussehn'n.
  Ihr Mann fand's nicht gut:
  Grünes Kleid – lila Hut.
Überhaupt gar nicht konnt' er's aussteh'n.

SONDERSHAUSEN II

Gynäkologen aus Sondershausen
Woll'n nach Dienstschluss partout keine Frau seh'n.
  Denn das ewig Weibliche
  Unterdrückt alles Leibliche.
Zur Erholung dient selbst das Im-Stau-Steh'n.

SONNEBERG

Eine Adipöse aus Sonneberg
Hatte viel Fett auch am Wonneberg.
  Ich mit Liposuktion
  Von drei Kilo schon
Das Selbstwertgefühl so 'ner Tonne stärk.

(Liposuktion: Fettabsaugung)

SPESSART

Ein Landarzt – hochoben im Spessart
Sich mit einer Dame – sehr kess – paart.
  Neulich war's bei Hundertzehn
  Vorn im Auto gescheh'n.
Mein Gott, das war vielleicht eine Stress-Fahrt.

SPEYER

Es rutscht' Dokter Meier aus Speyer
Ein Geländer runter nach Feier.
  War besoffen sternhagel,
  Bemerkt nicht den Nagel.
Heißt „M" jetzt, denn oben häng'n seine Eier.

STEINACH

Ein Fußballspieler aus Steinach
Zieht seit Liga-Zeiten ein Bein nach.
  Es wurde gebolzt
  Er furchtbar geholzt.
Seiner Leistung trauert kein Schwein nach.

STENDAL

Ein blässlicher Jüngling aus Stendal
Der wirkte bei Ladies als „man" fahl.
  Bei 'ner Samenbank
  Da erntet er Dank.
Eine jede ruft gierig: „Nun spend" mal!"

STOCKACH

Ein ältlicher Lover aus Stockach
Wird immer noch bei jedem Rock schwach.
  Er ist schon bald achtzig
  Und jede Frau fragt sich:
Was hält bloß noch den alten Bock wach?

STRALSUND

Einem eifrigen Lover aus Stralsund
Dem wurde beim Lieben sein Pfahl wund.
   Jetzt braucht dieser Stenz
   Wochenlange Karenz.
Dies tat er den Mädels oral kund.

STUTTGART I

Es war ein Herr – lebend in Stuttgart
Der sich furchtbar gerne mit Ruth paart.
   Doch neulich beim Küssen
   Hat er spucken müssen,
Weil sich so extrem stark ihr Dutt haart.

STUTTGART II

Ein Vegetarier aus Stuttgart
Rigoros ist und auch nicht mit Mut spart
   Alles Fett zu stornieren
   Nur für Grün zu plädieren.
Blieb selbst bei Mc Donald's fast food hart.

TANGERMÜNDE

Ein Mädchen aus Tangermünde
Das lebt in kalorischer Sünde.
   Sie aß viel, wurd' fett
   Passt g'rad noch ins Bett.
Wohl kaum ihr ein Tanga stünde.

TEGERNSEE

Ein Internist – am Tegernsee
Der mied wie die Pest den Kaffee.
  Er war dann schon eher
  Ein Tee-gern-Seher
Das ärgert den Schweizer NESTLÉ.

TETTNANG

Ein Arzt mit „burn out" nahe Tettnang
Der legt sich auf Dauer im Bett lang.
  Er hatte viel Stress
  Mit Budget und Regress.
In die Knie man den Herrn Dr. med. zwang.

84

TIRSCHENREUTH

Ein sehr scharfer Lover aus Tirschenreuth
Sich stark über ganz süße Kirschen freut.
  Aus des Nachbars Garten
  Ohn' lange zu warten.
Des Ehemanns Zähne, die knirschen heut'.

TORGAU

Eine Wagner-Säng'rin aus Torgau
Die hatte – weiß Gott – einen Vorbau.
  Sie konnte beim Singen
  Aus dem Takt alle bringen.
Das glich dann oft fast einem Chor-G.A.U.

TREUENBRIEZEN

Es konnte ein Mann aus Treuenbrietzen
Seine besten Freunde nur siezen.
  Selbst zu seinem Sohn
  Sagt er nur „Herr Baron"
Und „gnäd'ge Frau" zu seinen Miezen.

TRIER

Eine Frau aus der Römerstadt Trier
Trank täglich so an die acht Bier.
  Ist sie dann im Tran
  Hört sie sich so an
Wie Tiefstimme Amanda Lear.

TRIPTIS

Ein Sex-Therapeut, Praxis in Triptis
Behandelt Verklemmung mit Strip-tease
  Mit fallenden Hüllen
  Sich Träume erfüllen
Bei jemand, der sonst nur betrübt is.

TRUSETAL

Eine vollbus'ge Dame aus Trusetal
Die sagte: „Mein Liebling, nun schmuse mal!"
  Doch es brodelt und zischt
  Bei des Wasserfalls Gischt.
Da wirkt das Gesicht seiner Muse fahl.

(Der Trusetaler Wasserfall ist
berühmt in ganz Thüringen)

TÜBINGEN

Einem Praktiker aus der Stadt Tübingen
Sollt' Patienten man immer sehr früh bringen.
  Denn es konnte gescheh'n
  Man musst' ihn ab Zehn
Zur Wachheit mit sehr großer Müh' zwingen.

Gedichte VIII

Heiteres Beruferaten

Es war ein Arzt – Anästhesist
Mit Schönheit nicht gesegnet,
Der hätt' so gern 'ne Maid geküsst
War keiner noch begegnet.

Drum sagt' dann dieser Mann sich
Probier's doch einmal aus,
Geh' einfach und entspann dich
In einem Freudenhaus.

Ward freudig aufgenommen
Von Damen rund und schön.
Ist an sein Ziel gekommen
Und wollte fast schon geh'n.

Da sagt' die leichte Misses
Ich mache gern ein Spiel
Aus Körpersprach' und Kisses
Erschließ' ich ziemlich viel.

Mach' oft Beruferaten
Bei den galanten Herr'n
Und aus den Liebestaten
Kann ich den Job erklär'n.

In dem speziellen Falle:
Ein Arzt, der sonst Narkosen führt
Zog die Register alle
Doch ich hab' nichts gespürt.

ER-satz

Weltweit erkennbar ist der Trend
Daß man die Frau stets extra nennt.
Bei Bürgern, Ärzten und Patienten
Muß „-innen" man gleichauf verwenden.

Viel wurd' erreicht von den Emanzen
Nur nicht die Führungskraft beim Tanzen.
Ein and'res – sprachlich weites Feld
Ward feminin noch nicht bestellt.
Es muß die Frauen wurmen sehr
Die Dominanz der Silbe „ER".

Ehr-geiz, Er-lebnis und Er-folg
Sind doch nicht männliche Domänen
Wenn ich den Lauf der Welt verfolg'
Bestimmen Frauen das Er-gebnis.
Wenn wir das Ehr-gefühl mal nehmen.
Das ist nicht solo maskulin
Frau sollt' sich's „Sie"-Gefühl nicht schämen.
Der ER-os ist auch feminin.

Studentinnen fühl'n kein Verlangen
In Bayern zu immatrikulier'n
Man könnte aber in Er-langen
Mit Recht Si-nologie studiern.
Die Haupstadt Thüringens zu kennen
Ist Qual fürs weibliche Geschlecht
Statt Er-furt – „Sie-furt sie zu nennen.
Das wär'so manch' Emanze recht.

Man möcht' als Frau verächtlich zischen
Und gerne flög' man auch nicht mehr fort
Spricht man(n) stets nur von Air-condition
Auf einem dominanten Air-port.

Die Frau am Steuer – das macht frei.
Viel schöner als die Wohnung putzen.
Doch kommt's zum Unfall mal dabei
Soll man als „Sie" den Air-Bag nutzen?

Was man dem Manne lassen muß
Zum Trotz der Emanzipation
Das ist – wenn gut kommt der Er-guß
Bei kräftig strammer Er-ektion.

Was wünscht „Sie" Männern – meistens Strolchen
Er-kältung, Är-ger und Er-brechen
Und spricht man auch nicht von Er-dolchen
Kann man sich mit Er-nährung rächen.

'Ne contradictio in adjecto
Und gleich beim Standesamt zu streichen
Ist ER-ika – der Name schreckt so
Das „Er" darin sollt tunlichst weichen.

Solch eine E(r)radikation
Vom weiblichen Geschlecht betrieben
Ruft auf den Plan Opposition
Wo wär' sonst Männerstolz geblieben.

Jetzt regt im Mann sich der Verstand
Daß er das „Sie" im Wort vertreibe.
Ist gegen Sie-mens, Si-mulant
Und rückt der Sy-philis zu Leibe.

Auch Si-oux, Si-phon und Si-lage,
Die Sie-ben, Si-nus und Si-zilien.
Dies bringt die Männerwelt in Rage
Und es sträuben sich die Cilien.

Der Mann, der mache keinen Är-ger
Und spiel' den wundgeschoß'nen Tiger
Läuft er auch Sturm wie ein Berserker;
Das Weib bleibt doch am Ende Sie-ger.

Zahn um Zahn

Angst vor Krankheit, Spinnen, Schlangen
Angst vor Trennung, Schmach und Tod.
Unser Leben ist ein Bangen
Daseinsangst – das täglich' Brot.

Doch das Schrecklichste der Schrecken
Droht uns vom Handwerk des Dentisten.
Wenn wir vor Schmerz die Zähne blecken
Hilft Beten kaum dem armen Christen.

So gings auch einer jungen Frau.
Seit Tagen muckerte ein Zahn.
Vor Schmerz im Angesicht ganz grau,
Brach die Vernunft sich endlich Bahn.

Sitzt nun in Zahnarzts Wartezimmern
Mit dick geschwoll'ner roter Backe,
Hört durch die Tür das zarte Wimmern
Vom Opfer einer Bohrattacke.

Der Zahn ist hoffnungslos vereitert
Bakteriämie und Sepsis droh'n.
Ihn noch zu retten ist gescheitert
Das ist des langen Zögerns Lohn.

Courage zeigt nun der Dentist
Erklärt das endgültige „Aus".
Auch wenn er wohl kein Unmensch ist
Sagt er bestimmt: „Das Ding muss 'raus."

Bereitet vor diverse Zangen
Lokal ein Anästhetikum
Zehn Blutstilltupfer müssten langen
Da druckst die junge Frau herum:

„Herr Doktor sagen Sie's mir ehrlich
Es kann so viel dabei passieren.
Die Prozedur erscheint gefährlich.
Wie soll im Notfall man agieren?

Ich weiß es nicht, was schlimmer ist,
Dem Schmerz des Zahnzieh'ns zu erliegen
Oder besser dran man ist,
Mit starken Weh'n ein Kind zu kriegen?"

Der Zahnarzt lächelt maliziös
Bei diesen Möglichkeiten beiden:
„Da werden Sie nicht noch nervös.
Das müssen selbst Sie jetzt entscheiden.

Ob Kind, ob Zahn, das ist die Frage.
Das Urteil müssen Sie nun fällen.
Dann bin ich selbst auch in der Lage,
Den Stuhl entsprechend einzustellen!"

Geburtensteuerung

Im Promi-Viertel von Berlin
Hört man nur selten Kinderlachen.
Wer in Gesellschaft wirklich „in"
Den stört das beim Karrieremachen.

Der Filmstar ist fast nur am Set,
Spielt dort die tollsten Liebesrollen,
Doch dann im ehelichen Bett
Tribut muss man der „Pille" zollen.

Der Chefarzt – Dienst bei Tag und Nacht –
Ist outgeburnt und stark genervt,
Hat lang' keine Kindlein mehr gemacht,
Der Frau die „Pille" eingeschärft.

Der Fußballstar vom Club der „Hertha"
Kann Kinderlärm auch nicht ertragen.
Drum wirkt er ein auf Liebchen Bertha,
Sich noch den Nachwuchs zu versagen.

Der Bürgermeister es gesteht,
Dass Kinder sind nicht zu erwarten.
Gehört zur and'ren Fakultät,
Kein Spielplatz dort im Garten.

Der Professeur für Informatik
Auch kinderlos und sehr frustriert
Sagt: „Bei der Frau das Beste tat ick,
Doch sie hat alles inhibiert."

So zeigt sich hier der Pillenknick
In allerhöchstem Maße.
Man sieht statt Kinderspiel und -glück
Nur Hunde auf der Straße.

Doch in der Merkelstraße Zehn
Geht's gegen diesen Trend.
Hier kann man viele Kinder seh'n,
Es spielt, es lärmt und rennt.

Die Frau des Hauses wieder schwanger
Mit Zwillingen an jeder Hand,
Dass sie's mal nicht war ist schon lang her –
Ein Phänomen in diesem Land.

Das ganze Haus ist voller Leben
Von Frühgeburt bis Abitur.
Wer kann uns eine Antwort geben,
Was hat sich hier ereignet nur?

Da fällt der Blick auf einen Mann
Mit stolz geschwellter breiter Brust.
Man sieht den Vater ihm gleich an,
Leicht gockelhaft und selbstbewusst.

Die Frage stellt sich drauf ganzklar
Und jeden muss es echt bewegen,
Wie denn sein Liebesleben war.
Wie kam es zu dem Kindersegen?

„Das hat zu tun mit dem Beruf,
Den ich seit vielen Jahr'n betreibe.
Die Existenz, die ich mir schuf
Sie fruchtete bei meinem Weibe.

Bin Steuerprüfer seit Jahrzehnten
Kenn' alle steuerlichen Tricks
Die Anwendung führt' zur erwähnten
Begründung uns'res Kinderglücks.

Zur Steuermind'rung war'n wir schlau
Ohn' Paragraphen zu verletzen.
Drum riet ich meiner lieben Frau:
,Du kannst die Pille auch absetzen'!"

Limericks

Deutsche Städte U – Z

UELZEN

Eine Top-Frau – gebürtig in Uelzen
Wollt' sonntags ausschließlich in Tüll geh'n.
  Ihr Mann tut uns leid,
  Denn man konnte das Kleid
Am Montag schon jeweils im Müll seh'n.

USLAR I

Eine ältere Wildsau bei Uslar
Im Walde nicht mehr gut zu Fuß war.
  Ein Jäger das merkt
  Mit 'nem Wodka sich stärkt
Und macht alles dann mit 'nem Schuss klar.

USLAR II

Ein Jungverliebter in Uslar
Mit seiner Freundin im Bus war.
  Längst ist Endstation,
  Keiner merkt was davon,
Weil man zu vertieft in den Kuss war.

VERDEN / ALLER

Ein Epileptiker aus Verden / Aller
Sagt, oft auf die Erde fall' er.
  Trinkt, bis er platt is
  Sein quantum satis
Gibt zu, dass dann zusätzlich lall' er.

(quantum satis: Alkoholmenge,
bis jemand „voll" ist)

VIERSEN I

Ein Alkoholkranker aus Viersen
Lässt plötzlich sein tägliches Bier steh'n.
  Der Doktor im droht'
  Mit Zirrhose und Tod.
Noch kann man im Auge die Gier seh'n.

VIERSEN II

Ein Multi-Kulti aus Viersen,
Der ließ sich am Piepmatze piercen.
  Nun plötzlich die Frauen
  Verzückt dies beschauen
Und in ihm 'nen ganz wilden Stier seh'n.

WAIBLINGEN

Eine schwangere Frau nahe Waiblingen
Ließ ständig ganz rhythmisch den Leib schwingen.
  Das führte zu Wehen
  Man musste sich drehen
Und stark um des Föten Verbleib ringen.

WALDBRÖL

Ein Autofahrer aus Waldbröl
Kam nicht in die Gänge mit Kaltöl.
  Die Frau muss lang warten
  Bis endlich sie starten.
Belegt ihn so ständig mit Alt-Nöhl.

WALDSASSEN

Eine vollbus'ge Lady – Waldsassen,
Die konnte kein Mannsbild kalt lassen.
  Doch wer sich ihr näh'rt
  Eine Abfuhr erfährt.
Als Folge musst Man(n) sie bald hassen.

WALDSHUT

Es sagte ein Dicker aus Waldshut:
„Bei Diät ich bewahre meist kalt's Blut.
  Spar' Kohlenhydrate
  Ess' oft nur Salate
Doch leider schmeckt mir fettes Schmalz gut!"

WALLDÜRN I

Ein Fußballbesess'ner aus Walldürn
Der konnte extrem gut den Ball führ'n.
  Nach Tritt in die Waden
  Schmerzt ein Muskelschaden.
Lind'rung kann er nur mit Ultraschall spür'n.

WALLDÜRN II

Ein Augenarzt tätig in Walldürn
Musst' bei der Scheinzahl Verfall spür'n.
  Drum nutzt er sehr baldig
  Die Chance der Heraldik.
Will jetzt im Wappen Karl DALL führ'n.

WALSRODE

Bei 'nem Krippenkind nahe Walsrode
'Ne Angina mit dickem Hals drohte.
  Man konnte zugucken
  Wie's eng wurd' beim Schlucken,
Allein rutschten durch noch Schmalzbrote.

WANGEN

Zwei Feuerwehrleute aus Wangen
Die hatten – wahrhaft – einen langen
   Feuerwehrschlauch
   Und bei jedem Rauch
Sie flugs bis zum Brandherd vordrangen.

WARNEMÜNDE

Ein Schiffsarzt aus Warnemünde
Im Rampenlicht sehr gerne stünde.
   Doch er gilt als Schwätzer
   Auf der Fähre nach Gedser.
So entschwinden ihm all' seine Pfründe.

WARSTEIN

Man schenkte ein Bier hier in Warstein
Einem stinkreichen Volksmusik-Star ein.
   Doch's läst'ge Bezahlen
   Bereitet ihm Qualen;
Verlangt eine Rechnung – ganz haarklein.

WATTENSCHEID

Bein 'nem Akromegalen aus Wattenscheid
War bei Sonne des Körpers Schatten breit.
   Nur an wichtiger Stelle
   Fehlt die Schattenquelle.
Des Betrugs nun die Frau ihren Gatten zeiht.

(Akromegalie: Hormonstörung mit besonders
starkem Wachstum an den Körperenden)

WEIDEN

Ein schmalbrüst'ger Doktor aus Weiden
Ließ sich wegen Grausamkeit scheiden.
   Seine Frau lebt Diät
   Macht auch ihn zum Asket'.
Schließlich sollt' selbst das Wasser er meiden.

WEIL DER STADT

Ein schöner Jüngling aus Weil der Stadt
Einen sehr hübschen Zahn – wirklich steil – der hat.
　　Man stell' sich den Gram vor,
　　Hier scheitert Gott Amor;
Doch dieser im Köcher 'nen Pfeil er hat.

WEIMAR I

Ein uralter Gockel aus Weimar
Probierte, wie's einstens im Mai war.
　　Zahlt von seiner Rente
　　Jetzt stramm Alimente.
Die Stimmung ist völlig im Eimer.

WEIMAR II

Ein Tischlermeister aus Weimar
Sprach zu seinem Lehrling: „Mit Leim spar'!"
  Die Möbel war'n billig
  Doch zu halten nicht willig.
Für den Käufer ein Chaos 's daheim war.

WEIMAR III

Ein Hochinfektiöser aus Weimar
Sprach: „Ich zu den Vätern nun heimfahr'."
  Es war ein Mysterium
  Mit diesem Bakterium.
Man wüsste gern, was das für'n Keim war.

WEIMAR IV

Ein Hofpoet einstens in Weimar
Kam überhaupt nicht mit dem Reim klar.
  Und sieht man es richtig
  Es war auch nicht wichtig,
Weil alles nur fürstlicher Schleim war.

WEIMAR-TIEFURT

Ein älterer Herr aus Weimar-Tiefurt
Nach Ansicht der Frau wirklich nie spurt.
  Was e r denkt und tut
  S i e findet's nicht gut.
Sagt sich: „Warum nahm ich bloß d i e, Kurt?"

WEISSENFELS

Ein Neurochirurg – Klinik Weissenfels
Sein Können – in höchsten Kreisen zählt's.
  Bei 'ner Spina bifida
  Man nicht sein Genie sah.
Das Ergebnis: den ganzen Steiß entstellt's.

(Spina bifida: angeborene Spaltbildung
der Wirbelsäule)

WEISSWASSER

Ein Patient einer Klinik in Weißwasser
War ein echter Götter – In – Weiß – Hasser.
  Doch er kam sehr in Not
  Ärztekunst bannt' den Tod.
Da wurde vor Angstschweiß blass er.

WERNEUCHEN

Ein herzkranker Herr aus Werneuchen
Musst' plötzlich beim Sex mächtig keuchen.
  Er nahm ein Nitrat, ja
  Gleichzeitig auch VIAGRA.
Hängt jetzt an Tröpfen und Schläuchen.

(Nitrate als Herzmittel und VIAGRA
senken parallel den Blutdruck und
können zum Kreislauf-Schock führen)

WERNIGERODE

Ein Sänger aus Wernigerode
Intoniert eine kernige Ode.
  Er singt aus dem Hut
  Sagt: „Das klingt nicht so gut.
Da hätte schon gern i 'ne Note."

WERTHEIM

Ein Tropenarzt lebend in Wertheim
Von langer Safari stolz kehrt heim.
  Erlegt' mit Curare
  Zehn Löwenpaare.
Er sagt: „Das ging schnell, so I spared time!"

(Curare: Nervengift, das Muskeln lähmt)

WESTERWALD

Ein männlicher Zwilling vom Westerwald
Folgte geburtlich der Schwester bald.
  Man reifte gemeinsam
  Doch bald war sie einsam
Denn e r gab auf nach IQ-Test-Erhalt.

WETZLAR I

Einem Scheidungsrichter in Wetzlar
Dem war es nach Recht und Gesetz klar,
  Dass Heiratsversprechen
  Sich nicht finanziell rächen
Wenn alles nur leeres Geschwätz war.

WETZLAR II

Bei 'nem Arzt – workoholic – aus Wetzlar
Das ganze Leben 'ne Hetz' war.
  Hat total abgebaut
  Auf gut Deutsch heißt's: „burn out".
Dass die Arbeit nicht alles wird jetzt klar.

WETZLAR III

Mit 'ner sehr hübschen Dame aus Wetzlar
Ich in Hamburg im Musical „CATS" war.
  Bei d e n Melodien
  Schmolz schnell sie dahin
Da war dann die Nutzung des Betts klar.

WIESBADEN

Es war ein Chirurg in Wiesbaden,
Der züchtete massenhaft Maden.
  Er setzte sie an
  Zum Wund-Débridement,
Was sonst nur OP-Messer taten.

(Débridement: meist operative
Abtragung abgestorbenen Gewebes
in einer Wunde oder Geschwür)

WIESMOOR

Einem Arzt aus der Klinik in Wiesmoor
Kam ein Neuzugang gleich ziemlich fies vor.
  Bei der Erst-Anamnese
  Da wurd' er schon böse.
Bedroht Dr. med. mit 'nem Schießrohr.

(Anamnese: Erfragung der Vorkrankheiten
eines Patienten)

WISMAR

Ein Urologe aus Wismar
Der hatte wahrhaft Charisma.
    Einen Mann mit Striktur
    Nahm er in die Kur
Bis der wieder „Männeken Piss" war.

(Striktur, hier: Verengung der Harnröhre)

WITTEN

Eine Rubensdame aus Witten
Die hatte enorm große Titten.
    Ein Schönheits-Chirurg,
    der biss sich da durch;
Hat Zehn Kilo – fast – abgeschnitten.

WITTENBERG

Ein Gynäkologe aus Wittenberg
Beriet 'ne Frau nach ihrem dritten „Zwerg":
    „Sie müssen mit Willen
    Das Baby lang' stillen
Und hormonell ich Ihre Titten stärk'!"

WITTLICH

Ich traf in der alten Stadt Wittlich
Ein Fräulein - sehr schön, doch sehr sittlich.
    Hab' sie in der Nacht
    Fast um alles gebracht.
Ich weiß nicht, welch' Teufel da ritt mich?

WITTSTOCK / DOSSE

Ein Eiskunstlauf-Fan wohnhaft in Wittstock
Bekam vor Begeist'rung 'nen little stroke.
  Bei 'ner Eistanzrevue
  Stieg sein Blutdruck wie nie.
Er hatte nur auf Kathi Witt Bock.

(little stroke: ein kleiner Schlaganfall)

WOLFEN

Ein Arzt – Millionär – nicht aus Wolfen
Schlug Freizeit tot nur noch mit Golfen.
  Schon am siebenten Loch
  Es nach Herzinfarkt roch.
Der Mammon hat ihm nicht geholfen.

WOLFENBÜTTEL

Ein Internist aus Wolfenbüttel
Wechselt 100-mal täglich den Kittel.
  Das sei hier kein Spaß-Trick
  Sondern reine Gymnastik.
So hält er sich „fit as a fiddle".

WOLGAST

Ein Seebär der Hafenstadt Wolgast
Der hatte mal wieder ganz toll Knast.
  In 'nem Pub wurd' serviert
  Doch er nicht „platziert"
Da knickt' er vor Wut einen Vollmast.

WOLMIRSTEDT

Es sprach ein Herr kürzlich in Wolmirstedt:
„Sehr auf den Geist Dieter Bohl'n mir geht.
  Denn der ist ein Stenz,
  Protzt mit seiner Potenz,
Wobei meiner auch sehr wohl mir steht!"

WORBIS

Ein Modearzt – lebend in Worbis –
Erschien jüngst im Magazin „FORBES"
  Nicht weil er viel heilte
  Und zum Krankenbett eilte,
Nein, weil er bei Frau'n Hahn im Korb is.

WORMS

Ein Psychologe aus Worms
Sprach: „Packe das Leben an, form's!
 Lies' seine Werke
 Bezieh' deine Stärke
Aus Romanen Theodor Storms."

WRIEZEN

Ein Oberschullehrer aus Wriezen
Der konnte nur jedermann siezen.
 Sprach zu seinem Kindel:
 „Voll ist Ihre Windel.
Nun lassen Sie mal Ihren Schiet seh'n!"

WÜRZBURG

In Würzburg zwei Hämatologen
Einem Halbblut-Indianer Blut zogen.
 Sie meinten, dass hier
 Der Hb sei nur vier,
Ob diese Befunde nicht trogen?

(Hb = Hämoglobin, roter Blutfarbstoff,
normal bei 8 mmol/l)

WÜSTENBRAND

Ein mickriger Lover aus Wüstenbrand
Mit Müh' sich aus ganz vollen Brüsten wand.
  Bei d e r Amazone
  Mit Kleid oben ohne.
Er nicht zu den wahren Gelüsten fand.

WUPPERTAL

Ein Neurologe aus Wuppertal
Sagt zum Patienten: „Nun schnupper mal!"
  Sein Riechen ist glorious
  Intakt Olfactorius;
Doch dafür schmeckt ihm jedes Futter schal.

(Nervus olfactorius: der Riechnerv)

WURZBACH

Ein Konditormeister aus Wurzbach
Wird morgens stets durch lauten Furz wach.
  Er braucht so als Bäcker
  Überhaupt keinen Wecker.
Ein Doppelschlag war's zum Geburtstag.

WURZEN

Es war ein Verliebter in Wurzen
Der hatte wahrhaft 'nen zu kurzen.
  Nach der SKAT-Injektion
  Gab's 'ne Revolution.
Sie sollten beim Sex ihn im Spurt seh'n.

(SKAT : Schwellkörper –Autoinjektion
zur Versteifung des Gliedes)

XANTHEN

Einem Schuhmachermeister aus Xanthen
Die Kunden fast täglich mehr schwanden.
  Er braucht 'ne Methode
  Zur Belebung der Mode
Studiert die Physik jetzt der „Quanten".

ZERBST

Eine Lebedame aus Zerbst
Stand vom Alter her weit schon im Herbst.
  Sie meint, dass es anmacht
  Richtig heiß jeden Mann macht,
Wenn die Haare knallrot du dir färbst.

ZINGST

Ein Hausarzt mit Praxis auf Zingst
Auf Tausend Patienten er bringt's.
  Er behauptet – ganz fromm – :
  „Bin der King in Meck. Pomm.!"
Sehr nach Eigenlob, Doktor, da stinkt's.

117

ZITTAU

Ein Ehemann in der Stadt Zittau
Sagt: „Bitte, gib mir noch ein Bit, Frau!"
  Er schenkt dann noch Wein
  Und Whisky sich ein.
Und ist bald von dem ganzen Sprit blau.

ZWEIBRÜCKEN

Eine tanzwüt'ge Frau aus Zweibrücken
Wollt' bedrohlich mir auf den Leib rücken.
  Sie schrie durch den Saal,
  Es sei Damenwahl.
Musst'n Messer gegen das Weib zücken.

ZWICKAU

Ein türkischer Arzt sagt in Zwickau:
„Ich mit Deutsch-Sprach' nur oftmals dem Glück trau.
  Bei sehr Adipösen
  Strammen weiblichen Wesen
Sag' ich nur: Du sein zu dick, Frau!"

ZWIESEL

Eine sehr flotte Lady aus Zwiesel
Fuhr ein BENZ-Coupé TDI Diesel.
  Die Straße war glatt
  Kein Feeling sie hatt',
Überschlug sich bei leichtem Gepiesel.

Kehrreime II

Zwei Dicke sich das Eine schworen:
„Wir essen nie mehr Schweineohren!"
Kaum, dass dies' große Wort enteilte
Man schon bei Sahne-Torten weilte

Ich frag mich wirklich: „Wo denn, Base,
Versteckst Du uns're Bodenvase?"

In Bayern liebte Reni's Pute
Des Truthahns präct'ge Penisrute

Er – selbst als kräft'ger Möbelpacker –
Den Krach nicht von dem Pöbel mag er.

Die Emma über Satellit
'Ne richtig große Latte sieht.

Guck dir mal den Meier an
Sieht aus wie Egon Eiermann.

Im Dreck ich mit den Hufen steck'
Mich rettete mein Stufenheck.

Der kleine Kläffer bellt wild.
Er hat ein falsches Weltbild.

Man soll in einem Kleinwagen
Nicht über sau'ren Wein klagen.

Ein Kilo Nägel – OBI-Restposten –
Tat – feucht gelagert – wie die Pest rosten.

'N Torero schmerzt sein Nierenstein
Sagt drum zu allen Stieren: „Nein"!

Väterliche Empfehlung:
Heirat' keinen Huster, Maus
Hat er auch ein Musterhaus.

Antwort der Tochter:
Ich findt' 'nen Mann mit Moos Klasse
Sieht er auch aus wie Kloßmasse.

Bescheid bei allen Nummern weiß er;
Er ist ein richt'ger Womanizer.

Seinen alten, dicken Kater
Mit den Füßen kicken tat er.

Wenn man des nachts im Harze weilt,
Fast jede dicke Warze heilt.

Voll Schmerz auf seinen Magen weist er
Der ulkuskranke Wagenmeister.

Man kann mit dicken Schottenmützen
Sein Haupthaar leicht vor Motten schützen.

Er hieb sich mit dem Hackebeil
Doch – gottlob – blieb die Backe heil.

Ess' ich mal keinen Saftschinken
Wird gleich mein stolzer Schaft sinken.

Im Norden treibt 'ne Eisscholle
Darauf sitzt meine Sch….-Olle.

Mir fehlt die Zeit zum Haarewaschen
Muss stets nach Schnäppchen-Ware haschen.

Am Apfel kaut der Bademeister
In eine dicke Made beißt er.

Wenn Schmerzen ich am Steiß merke,
Dann neh'm ich einfach Mais-Stärke.

Er trank fünf Bier, aß Steak – gewürzt
Und war dann auf dem Weg gestürzt.

So mancher Mensch – es eilig habend
Kauft sein Geschenk erst Heilig Abend.

Bei diesem nassen, fiesen Wetter
Da werden Gras und Wiesen fetter.

Ein Hinweis auf mein Sorgenkind
Die vielen Flaschenkorken sind.

Das Paar in einem tollen Rausch
Vollführte einen Rollentausch.

Was mich ganz stark gewundert hat
Die Birne hatte Hundert Watt.

Seine Uhr ist funkgesteuert
Doch wurd' er wegen Stunk gefeuert.

Es ist mir wirklich schleierhaft,
Dass nachts mein linkes Ei erschlafft.

Mit jedem neuen Liefertag
'S Verkaufsniveau noch tiefer lag.

Die Mannschaft kam aus Böhlen her.
Maskottchen ist ein Höhlenbär.

Beim Wettkampf jüngst im Segelfliegen
Sah man 'nen großen Flegel siegen.

Laßt euch nicht in den Messepausen
Die Visa und die Pässe mausen.

Den Mann mit einem schlauen Grips
Erkennt man leicht am grauen Schlips.

Die Autohupe wild erschallt
Im undurchsicht'gen Schilderwald.

Die Frucht hier, diese kleene rote
Ist – glaube ich – 'ne Reneklode.

Wer ihn nicht liebt, den HUNDERTWASSER
Sein Malerfolg, der wundert Hasser.

Wenn Frau'n auch große Längen hassen
Sollt'st Du ihn doch nicht hängen lassen.

Man sollt' die Regierung in Lima anklagen
Bei tropischer Hitze fehl'n Klimaanlagen.

Ich treffe meine Tupperwahl
Am besten hier in Wuppertal.

Bei Sonnenglut der Fahrgast
Im vollen Bus wird gar fast.

Bei dem Geruch von Rosenduft
Er gleich nach jungen Dosen ruft.

Es sitzt ein alter Knast-Arzt
Im Baum – auf seinem Ast knarrt's.

Der Klerus, der macht leichte Beute
Geht ihr zu oft zur Beichte, Leute!

Man sollte diese Sch…..-Zicken
Zum Arbeiten zu Zeiss schicken.

Die Männer in den Seitenstraßen
Wiedermal beim Streiten saßen.

Ein Abt, der liebte Sommer-Früchte;
Es hat auch mal ein Frommer Süchte.

Für BAYERN heisst der Retter KLOSE
Sein Spiel blüht wie 'ne Kletterrose.

Normal ist's Samenflüssigkeit,
Aber für Flamen Süssigkeit.

Pralinen ess' ich schachtelweise
Schmeckt es auch stark nach Wachtelsch…..

'S Benehmen von dem Hurensohn
Spricht Vorschriften der Suren hohn.

Kaum fraß es einen Fruchtbecher
Wird's Schwein in seiner Bucht frecher.

'Nen Platz mit hellem Neonlicht
Den gibt's im span'schen Léon nicht.

„Öl' schnell dir deine Kehle, Tom
Fürs Ferngespräch mit Telekom."

Ein Zahnarzt, der gern Kronen baut,
Ernährt sich oft von Bohnenkraut.

In einem Stück von SCHLINGENSIEF
Die Diva oft beim Singen schlief.

Beim Kneipengange ich sauf' Licher
Dann bleibt danach mein Heimlauf sicher.

Der Chef von Augsburgs Puppenkiste
Stets auf der Berge Kuppen pisste.

Los, Oma, nimm die Kinder ab,
Wir woll'n zum Spiel des Inter-Cup!

Erst schwimmt sie in der Bode mutig
Dann geht sie in die Mode-Boutique.

Die Entenmutter – wutentbrannt
Dem Fuchse ihre Brut entwand.

Mir graut, wenn durch den Luftschacht
Ein ausgekochter Schuft lacht.

Kein Axel Kathi WITT schreckt,
Begeist'rung jeder Schritt weckt.

Der Irre eine Macke hat
Schlägt alles mit der Hacke matt.

Der Meister, der die Fliesen legt,
Dann Liebeskunst mit Liesen pflegt.

Der Werkdirektor hasste Pläne
Und macht statt Messing- Plastehähne.

Ein Architekt soll Schulen bauen
Und nicht nach flotten Buhlen schauen.

Die Technik – hoch im Nest fetzt
Der Adler hat jetzt Festnetz.

Lang hielt er mit dem Schweife stand,
Bis doch dann seine Steife schwand.

Es freu'n sich nachts die Sitzwachen
Über dieses Autors Witzsachen.

Reif für die Insel

Tribut man gerne Rügen zoll
Dorthin in vollen Zügen rollt.
Doch was sind das für Sitten? He!
Ganz nackt am Strand von Hiddensee.
Bei den „Textilen" sollst Du nisten
Und nicht im Kreise von Nudisten!
Bekommst 'ne Grippe, Hüsteln bald
Gibst du nicht deinen Büsteln halt.
Der Juckreiz nach der Mücke Stich
Reißt fast des nachts in Stücke mich.
Drum fahr' ich heim nach Siebenlehn,
Dort kann ich meine Lieben seh'n.
Wenn Du 'nen Platz zum Baden weißt
Wo kein Storch in die Waden beißt.
Dann fahr'n wir in das schöne Weimar,
Wo glücklich ich im letzten Mai war.

Doppelzüngiges II

Voyeur, der sich für Fußbekleidung interessiert:	SCHUH-SPANNER
Nierenerkrankung, die man in der Küche bekommt:	HERD-NEPHRITIS
Brote schmieren:	BELEGARBEIT
Sonntagsliebe:	WOCHENEND-BEILAGE
Friseur:	PLATTENPRODUZENT
Altar in der katholischen Kirche:	MESSEZENTRUM
Demonstrant:	SCHILDBÜRGER
Filmaufnahme:	DREHMOMENT
Harnblase:	STRAHL-TRIEBWERK
Exquisiter Autoreifen:	SPITZEN-PNEU (Pneu = Pneumothorax, Schrumpfung der Lungenspitze)
Keimbesiedelter französischer Käse:	KOLI-BRI(E) (Koli = Bacterium coli, Bakterium besonders im Dickdarm)

Sehr alter Kauflustiger: UR-KUNDE

Norddeutsch
sprechendes Meerestier: PLATTFISCH

Jemand, der einem eine
Pferdegangart vermiest: TRAB-EKEL
(Trabekel: Muskelbalken
im Herz)

Poetisches Produkt
beim Saubermachen: KEHR-REIM

Militärische Einrichtung
für Samtpfoten: MIETS-KASERNE

Freudiger Aufschrei
beim Verkehr: STOSS-SEUFZER

Gewässer mit lauter
Tankstellen: ARAL-SEE

Was sagt ein Hund aus
Berlin bei
Novemberwetter?: „Heut' BELLE TRIST
I(c)K"

Koitus: TEILBESCHÄFTIGUNG

Fahrplan: ZUGZWANG

Leiter beim
Obstpflücken: ANGESTELLTE

Soldat:	STIEFELKNECHT
Verleger:	DRUCKPOSTEN
Jogging:	LAUFMASCHE
Chefglatze:	LEITERPLATTE
Skiläufer:	WACHSFIGUREN
Fakir:	SPITZENREITER
Lehrling beim Zoll:	FILZSTIFT
Winziger Teil der Liebe:	EROS-ION
Kantig geformtes weibliches Utensil:	STEILVORLAGE
Eine Glatze zu Weihnachten:	FESTPLATTE
Kurztrip an die Nordseeküste:	WATT-SEKUNDE
Zwerg aus einem afrikanischen Staat:	MALI-GNOM (Med.: Geschwulst)
Erotischer Umgang mit einem engl. Fräulein:	MISS-VERGNÜGEN
Ein halber Dickdarm:	SEMI-KOLON

Schnelligkeit eines Henkers:	RICHT-GESCHWINDIGKEIT
Essensnapf im Knast:	HAFTSCHALE
Für einen Gleisbauer ungünstige Gemütsverfassung:	SCHWELLENANGST
Von mehreren Nationen genutzter Bettbezug:	INTER-LAKEN
Mit Kanonen abgefeu-erter Klumpen Dreck:	ERDGESCHOSS
Gerät zur lauten Verkün-dung von Todesurteilen:	RICHTMIKROPHON
Nahrung bis zur Scheidung:	TRENNDIÄT
Notwendige Absicher-ung von Eingelochten:	HAFTPFLICHT-VERSICHERUNG
Wintersportgerät zur Be-schaffung von Stoffen:	TUCH(H)OLSKI
Tiefe Stimme eines Heerführers:	GENERALBASS

Endgültige Absage
eincs Alkoholikers an
eine Trinkgelegenheit: ADE-BAR

Aufforderung, die
Schriftstellerin
WERFEL zu verfolgen: ALMA NACH!

Zimmerecke, in der
man Ideen hat: EINFALLSWINKEL

Maul einer Raubkatze: LEUMUND

Rumänische Währung
an einem Weserzufluss: ALLER-LEI

Zusammenbruch
der DDR: OST-ENDE

Limericks

Internationale Städte N – Z

NAIROBI

Ein farbiger Mann aus Nairobi
Der schafft jetzt in Deutschland bei OBI.
  Der Chef ist begeistert:
  „Wie der alles meistert.
In diesem Fall Schwarzarbeit lob' i!"

NIKOSIA

Ein frommer Mann aus Nikosia
Der heirat' bewusst eine Pia.
  Doch sie war nicht züchtig
  Und fordert ihn tüchtig
Da ging ab die Post, Mamma mia!

ODESSA I

Ein russischer Arzt aus Odessa
Einen Mann mit 'nem großen Abszess sah.
  Er versucht ihn zu spalten
  Doch konnt' er schon bald seh'n.
Dass viel zu stumpf war ja sein Messer.

ODESSA II

Man neulich im Meer bei Odessa
'Ne Schlange wie sonst in Loch Ness sah.
  Das Meerungeheuer
  Spie Funken und Feuer
Die Zuschauer war'n tödlichem Stress nah.

OHIO

Ein Bankräuber im Staat Ohio
Der schoss sich den Weg brutal frei, oh!
  'S Magazin war bald leer
  Und kein Widerstand mehr.
Da war aber die Polizei froh.

PALERMO

Ein sächsisches Paar in Palermo
Das wollte die Stadt seh'n, dann „schterm, oh"
  Das urige Couple
  Meinte eigentlich Neapel.
„Doch wir sind ehm Sachsen und schwärm' so."

PUNTA ARENAS (CHILE)

Es war jüngst in Punta Arenas
Als plötzlich die Junta alleen sass.
  Das Terrorregime
  War wohl doch zu extreme.
Die Abwahl nun – das wundert keen Aas.

RABAT

Ein Scheich aus der Hauptstadt Rabat
Im Harem Frau'n nicht zu knapp hat.
  Er von Montag bis Freitag
  Im Bett nur zu zweit lag.
Doch zehn Schöne war'n 's dann am Sabbat.

ROM

Ein Androloge aus Rom
Empfahl Patient „X" ein Kondom.
  Denn obwohl Diabetes
  Mit der Liebe jetzt geht es.
Hat nämlich VIAGRA at home.

(Androloge: Facharzt für Männerkrankheiten)

ROSTOW

Ein Donkosak nahe von Rostow
Statt Wodka nur noch blanken Most soff.
  Seit's Trinken er stoppte
  Das Saufvolk ihn mobbte.
„Durch bess're Potenz ich auf Trost hoff'"

ROTTERDAM

Ein Ökobauer aus Rotterdam
Der füttert die Hühner mit Botteram.
  Wenig Cholesterin
  Tiere da schlecht gedieh'n.
Und die Eier meist gar keine Dotter ha'm.

SANSIBAR I

Eine ältere Lady aus Sansibar
Wusste nicht mehr, wo und wann sie war.
  Nach Elektroschock
  Löst im Hirn sich der Block.
Sogleich wieder denken dann kann sie klar.

SANSIBAR II

Eine blutjunge Schönheit aus Sansibar
Die Geliebte des Hamburgers Hansi war.
  Er war zwar nicht knickrig,
  Doch genital mickrig.
Drum kam sie mit seinem Schw... nie klar.

SHIRAS (IRAN)

Ein Pokerspieler in Shiras
Der saß unbequem auf 'nem Bierfass
   Doch er hat stark gezockt
   Seine Gegner geschockt
Zog aus dem Ärmel gleich Vier Ass'.

ST. LOUIS

Ein Jazz-Posaunist aus St. Louis
Der blies 'nen ganz traurigen Blues.
   Einem Suizidalen
   Bereitet das Qualen.
Er sagte zu sich: „Ja, nun tu's!"

TAEBRIS (IRAN)

Eine Dame – verschleiert – aus Taebris
Die hatt' ein ganz furchtbares febris.
   Antibiotikakraft
   Hat das Wunder geschafft.
Verhindert so 'n sich'res Begräbnis.

(lat.: febris – Fieber)

TANANARIVE

Ein Häuptling aus Tananarive
Sucht nach weiblicher Alternative
   Ein Heiratsvermittler
   Meint, dass es ein Hit wär',
Wenn in Köln man die Anna anriefe.

TANGER

Eine Beduinin aus Tanger
War im siebenten Monate schwanger.
  Ihr Vater – ein Berber –
  Vom Typ her ein herber.
Bei der Nachricht nach Luft ziemlich rang er.

TASCHKENT

Ein Hürdenathlet aus Taschkent
Bei der Meisterschaft wirklich lasch rennt.
  Die Gerüchte nicht trogen
  Der Läufer nimmt Drogen.
Ein Niedergang seit er das Hasch kennt.

TEHERAN

Ein Gynäkologe aus Teheran
Der hielt bei den Frau'n jede Wehe an.
  Er finanziell reussiert
  Wenn die Frau nicht gebiert
Denn beim Warten da zahlt jeder Ehemann.

TEL AVIV

Ein Weltenbummler in Tel Aviv
Mit der flotten Dame Tusnelda schlief.
  Schon nach zehn Sex-Minuten
  Sollt' er finanziell bluten.
Doch e r bestand klar auf dem Schnell-Tarif.

TEXAS

Eine rassige Lady aus Texas
Seit Wochen nur ganz süßen Keks aß.
  Es stieg ihr Blutzucker
  Auch wurd' der Blutdruck mehr.
Jetzt macht ihr noch viel mehr der Sex Spaß.

TIFLIS

Einen Sowjetbürger aus Tiflis
Eine Ringelnatter ganz tief biss.
  Doch die gute Schlange
  Hielt aus es nicht lange
Wenn man weiß, wie der Fußlappen-Mief is.

TIMBUKTU

Ein Kameltreiber unweit Timbuktu
Mit stets wachsendem Grimm guckt zu,
  Wie ein Sandsturm die Herde
  Bringt ab von der Fährte.
Und jedes Kamel ganz schlimm spuckt nu'.

TOBRUK

Als Wüstentourist nahe Tobruk
Ich ständig mich hinten am Po juck'.
  Denn Hundert Termiten
  Die Stör'n mich beim Schieten.
Obwohl ich schon Tausend k. o. schlug.

TRIPOLIS

Ein Terrorist – sesshaft in Tripolis
Der wusste sehr wohl was ein Dipol is.
  Er ist ein Spitzbübchen
  Baut 'ne Bombe in Lybien.
Gesucht er von Interpol is.

TRONDHEIM

Es kam nach dem Kriege nach Trondheim
Ein alter Soldat von der Front heim.
  Seine Frau war verstört
  Hatt' 'nen and'ren erhört.
Nun war man zu dritt, doch er konnt' blei'm.

TUNIS

Ein Garnelenfischer aus Tunis
Der hatte vor jedem Taifun Schiss.
  Baut in seiner Not
  Ein Unterseeboot
Wo er gegen Stürme immun is.

TURIN

Ein Herzkranker lebt bei Turin
Aß jahrelang zu viel Purin.
  Meid't jetzt Fettfleisch vom Schwein
  Und auch Innerei'n.
No Harnsäure mehr im Urin.

UTAH

Ein Schwerverbrecher aus Utah
Stand wieder mal frei und recht gut da.
  Denn der Cop der Police
  Der zum Sturmangriff blies
Fiel in Ohnmacht sobald er nur Blut sah.

VANCOUVER

Bei Olympia im fernen Vancouver
War'n im Wettkampf die besten Renn-Kufer.
  Mit Schlittschuh'n auf Eis
  Gab es Medaillenpreis
Begleitet durch zahlreiche Fan-Rufer.

146

VENEDIG

Eine sehr reiche Frau aus Venedig,
War fast 80 Jahre lang ledig.
  Ein Alt-Gondoliere
  Durchbrach die Barriere:
„Die Schönheit – doch Reichtum vergeht nich'!"

VERONA

Bei 'ner heißblüt'gen Frau aus Verona
War ich einem Liebesspiel so nah.
  Kam dennoch zu spät,
  Ein Hürdenathlet
War mit einem Sprung leider schon da.

WINDHOEK

In der Namib-Wüste bei Windhoek
Ich weitbogig gegen den Wind spuck'.
  Bei Sturmstärke „Zehn"
  Kam retour das Gescheh'n.
Deshalb ich mich tief und geschwind duck'.

WARSCHAU

Im Klub „Sado-Maso" in Warschau
Da hauten sich alle den A.... blau.
  Nur eine war züchtig
  Drum drängt man sich richtig:
„Nun sei doch mal ordentlich barsch, Frau!"

WIEN

Ein Augenarzt – Praxis in Wien
War für Fanatismus verschrie'n.
  Selbst am Örtchen der Stille
  Da hatte die Brille
Noch 3,5 Dioptrien.

WINNIPEG

Einem Handy-Besitzer aus Winnipeg
Kam – wie er behauptet – die PIN nie weg.
  Nur als er sie brauchte
  Weil's Eigenheim rauchte
Da war sie aus seinem Sinn wie weg.

ZÜRICH

Es sagte ein Lover in Zürich:
„Dich, Mauseschwänzchen, verführ' ich!"
  Doch sie merkt, der Mann
  Im Bett nicht viel kann.
„Rein gar nichts, mein Großmäulchen, spür' ich!"

Die Mark hat ausgedient

Seit mehreren Jahren hat uns der Euro fest im Griff. Kaum jemand rechnet noch jeden Preis im Stillen in D-Mark um. Die deutsche Sprache ist da allerdings viel träger, bzw. der Umgang mit ihr konserviert kommerzielle Relikte. Hier wird eisern an der M a r k festgehalten – das muss anders werden!

Denken Sie einmal an die ehemalige Zonengrenze, sie wurde und wird als D e m a r k ationslinie bezeichnet – ebenso in der Medizin, hier grenzt sich – zum Beispiel bei diabetischen Durchblutungsstörungen – gesundes von abgestorbenem Gewebe ab – es D e m a r k iert sich. Wollen wir sprachlich so inkonsequent sein und das Fossil „D-Mark" erhalten?. Ich habe dem Kultusministerium vorgeschlagen, die D e m a r kation durch die moderne Form E u r o sation abzulösen. – Und wie steht es dann mit dem Knochen-M a r k? Knochen-E u r o wäre doch viel besser – oder sollte man die 2:1-Umstellung Mark auf Euro ebenfalls berücksichtigen und statt Knochenmark von Knochen-50-Cent sprechen?

Das etwas volkstümelnde Sprichwort: Der Schrei des Opfers ging mir durch Mark und Pfennig muss ganz klar ersetzt werden durch den Ruf: Das geht mir durch Euro und Cent!

Und wer wollte weiter auf der M a r q uise von Pompadour bestehen? E u r o - ise von Pompadour klingt doch wahrlich prosaischer.

Mit dem Ministerpräsidenten von Sachsen-Anhalt habe ich bereits telefoniert. Er sieht keine Schwierigkeiten bezüglich der raschen Umbenennung der Mark Brandenburg und der Alt-Mark um Stendal in entsprechende E u r o-Gebiete.

Schwieriger wird es mit unseren germanischen Altvorderen, dem Stammes-Verband der M a r k omannen. Leider sind selbst nach 2002 auf den Markt gebrachte Geschichtsbücher noch nicht durchgehend mit den echten E u r o-Mannen vertraut.

Bei den Nachfahren von Marco Polo stieß ich auf feindliche Blicke, als durchgesetzt wurde, dass ihr Reiseführer Marc-o-Polo eingestampft wird zugunsten der Neufassung als E u r o-Polo – was ja bei zusammenwachsendem Europa nur von Vorteil wäre.
Unkomplizierter gestaltete sich ein Handy-Anruf bei Mark Twain auf Wolke sieben. Er hatte sich als origineller Schriftsteller bereits von den himmlischen Heerscharen auf Euro Twain umschreiben lassen.
Prinzipiell nicht dagegen, aber gewisse Schwierigkeiten sehend, fand sich der berühmte Maler des „Blauen Reiter" Franz Marc. Die persönliche Signatur auf seinen Bildern müsste ja in Franz Euro geändert werden – er fürchtet etwas um den Marktwert seiner Gemälde.
Und der Geheimdienstchef der ehemaligen DDR M a r k us Wolf sah es dagegen als Chance an, als E u r o us Wolf diskret unterzutauchen. Beide christlichen Kirchen hadern noch mit dem Gedanken, das

M a r k us-Evangelium auf Dauer auf dem Altar der Sprachentwicklung zu opfern.

Der römische Kaiser Marc Aurel fürchtet eine Abwertung seiner imperialen Stellung im gesamten Römischen Reich, wenn er als 50-C e n t-Aurel dasteht.

Dass sich die M a r k (x) isten in Euro-isten umtaufen lassen wollen, dürfte wohl an ihrer gewohnt doktrinären Haltung scheitern!

Jetzt muss ich selbst den Sprachpuristen entgegentreten, ehe es noch der M a r k enbutter oder der M a r g arine an den sprachlichen Kragen geht!

Bac(c)han(n)alen

Zum 300. Jahrestag der Trauung
von Johann Sebastian BACH
in der Dorfkirche zu Dornheim bei Arnstadt

In diesen heil'gen Kirchenmauern
Blieb stets der Geist von BACH lebendig,
300 Jahr' zu überdauern,
Nur ein Genie ist so beständig.

Betrachtet man BACH's Lebenkreis,
Sind eig'ne Äußerungen spärlich,
Vieles man nur durch Dritte weiß,
Für manches gibt's Gewähr nich.

Begleiten Sie mich bitte heute
Auf kurzgefaßtem Lebenslauf.
Ich glaub' kaum etwas er bereute
Er war – würd' heut' man sagen – stets gut drauf.

Im Jahre 1685
Bei Johann Ambrosianus BACH
Stellt ein das Kindlein Nr. „acht" sich –
Fürwahr – ein epochaler Tag.

Die Welt sie hält den Atem an,
Die Kirchenbücher weisen nach:
Ein großer Mann tritt auf den Plan.
BACH kommt zur Welt in Eisenach.

Als Stammeshäuptling aller BACHe
Gilt uns der Urgroßvater V e i t.
In Wechmar macht er seine Sache
Als Müller – für Musik blieb Zeit.

Das Netz der BACH'schen Großfamilie
Spannt über ganz Thuringia sich.
Fast jeder fit im Orgelspiele,
Genetisch echt verwunderlich.

Es gab fast 190 „BACHE"
Und niemand wird es wohl bestreiten,
Im Guiness-Buch steht zu der Sache:
„Größter Musik-Clan aller Zeiten".

So wuchs Johann Sebastian
In musikalisch motiviertem Haus
Zu einem Jung-Talent heran
Und übt' schon früh sein Handwerk aus.

Doch's Schicksal spielte bald in Moll,
Mit zehn Jahr'n ist er Waisenknabe.
Sein Bruder unterstützt ihn voll,
Nach Ohrdruf bringt er seine Habe.

Bedrückend eng wird bald das Haus,
Da sucht ein Schulchor helle Stimmen.
Nach Lüneburg wandert er aus
Und lässt sich weltmännisch dort trimmen.

Lernt Sprachen und hört Organisten,
Übt Umgangsformen der Noblesse,
Studiert Europens Komponisten,
Doch Stimmbruch endet's Schulint'resse.

In Arnstadt macht er dann Station
Auf einer gut dotierten Stelle.
Der Sturm und Drang beseelt ihn schon,
Für mach' Querelen eine Quelle.

Zunächst gibt's nächtens Prügeleien
Mit Mitgliedern des Kirchenchores;
Ganz wilde Orgelspielereien
Verwirr'n die Leute, machen Zores.

Nach Lübeck wandert er per pedes,
Herr Buxtehude ist sein Ziel,
Weil eine Stelle im Gered' is
Für exquisites Orgelspiel.

Kriterium, um den Job zu kriegen
Ist Heirat mit Bux.'s Töchterlein.
BACH wollt' partout nicht bei ihr liegen,
Sie musste furchtbar hässlich sein.

Der Urlaub ward stark überzogen,
Vier Monat' blieb er Arnstadt fern.
Trotzdem blieb man ihm noch gewogen.
Das spricht für diese Kirchenherr'n.

Doch JSB sah's weiter locker,
Saß während Messen in der Kneipe,
Auf strenges Spiel hatt' keinen Bock er,
Sah gar ihn mit 'nem „frembden Weibe".

Mühlhausen ist drum nächstes Ziel.
Sein Orgelspiel macht dort Furore,
Mit 80 Gulden – damals viel –
Öffnen sich Stadt- und Kirchentore.

Dazu noch Reisig, Holz und Korn
Als naturales Deputat,
'Ne Erbschaft bringt ihn noch nach vorn,
Sodass er Lust zur Heirat hat.

Maria Barbara aus Gehen
Heißt seine herzlich Auserwählte,
Wird bald den Namen noch vermehren
Als hier in Dornheim Anvermählte.

Selbst BACH mit Namen – seine Base –
Hat musikalisch – so wie er –
Für die Musik Gespür und Nase
Vom gleichen Urgroßvater her.

Warum die Trauung hier vor Ort
Durch Pfarrer Johann Lorenz Stauber?
BACH schätzte dessen Kraft im Wort,
An dessen Prophezeiung glaub' er.

Das Aufgebot ward bald bestellt,
In Arnstadt sammeln sich die Gäste.
Von dort geht's über's Stoppelfeld
Nach Dornheim in die Kirchen-Veste.

„Der nachgelassen eheleiblich' Sohn" –
So liest's im Kirchenbuch sich dorten
„ist heut' allhier bei Gottes Thron
Mit Barb'ren Bachin copulieret worden".

Ein Quodlibet ist uns erhalten,
Ein Stegreifsingen bei dem Fest.
Ein jeder konnt' dort mitgestalten,
Sebastian selbst „die Sau rausläßt".

Hier wurden Stimmen falsch geführt
Auf Familiäres angespielt.
Man BACHs Humor hier greifbar spürt
Im „O"-Ton hört, worauf er zielt:
„Große Hochzeit, große Freuden,
Große Degen, große Scheiden."

Rel'giöser Streit, zu wenig Gulden,
Mühlhausen kann nicht Dauer sein.
Bei Unzufriedenheit und Schulden
Trifft ein Gebot aus Weimar ein.

Es wird's Gehalt dort gleich verdoppelt,
Das motiviert Herrn BACH zu bleiben.
Er muß – das ist daran gekoppelt –
Pro Monat 'ne Kantate schreiben.

Mit gutem Geld und Sicherheit
Geht familiär er richtig 'ran.
Und so entsteh'n in kurzer Zeit
Emanuel und Friedemann.

Konzertmeister ist bald sein Titel
In Weimars guter Hofkapelle.
Es fließen reichlicher die Mittel,
200 Gulden nährt die Quelle.

Doch wie so oft im BACH'schen Leben,
Spitzt sich die Lage heftig zu.
Am Hof Konflikte sich ergeben,
Sie rauben ihm die Schaffensruh'.

Zwei Fürsten streiten sich ums „Prä",
Das kleine Land zu dominieren.
Ein jeder wünscht des Meisters Näh',
Er solle nur für ihn agieren.

Ernst-August freit nach Anhalt-Köthen,
BACH widmet ihm ein Hochzeitswerk.
Das führt ihn bald zu argen Nöten –
Der an'dre Fürst – ein gift'ger Zwerg.

Verbietet BACH weit're Kontakte,
Versagt ihm Leitung der Kapelle.
Aus Trotz ob diesem Willkürakte
Versiegt seine Kantatenquelle.

Ob dieser Unbotmäßigkeit
Wird BACH vier Wochen inhaftiert.
Entlassen – nach profundem Streit –
Der Abschied war – vorprogrammiert.

Der Köth'ner Jungfürst Leopold
Finanziell erfüllt ihm alles.
Er hat BACH an den Hof geholt,
's Salär gleicht dem des Hofmarschalles.

Als Directeur der Hofkapelle
Wirkt er auch öffentlich – publik.
Es tritt an der Chorāle Stelle
Zunehmend weltliche Musik.

Ob Taufe, Hochzeit, Erbbegräbnis,
Ob Festumzüge, ob Paraden,
Seine Musik wird Volkserlebnis,
Nebst Huldigung des Potentaten.

Vom Cembalo aus dirigiert er
Mit Notenrolle in der Hand.
Warum den Taktstock ignoriert er?
Weil später man erst den erfand.

Nach Karlsbad reist der Fürst von Köthen
Mit BACH für acht sehr lange Wochen,
Erfährt nach Rückkehr von den Nöten,
Die seiner Frau das Herz gebrochen.

So kann er nur ans Grab noch treten
Und ist für Tage stark verwirrt.
Weil sonst die Frau spann alle Fäden,
Der Haushalt wurde straff geführt.

Bestellt wird rasch ein Trauerflor,
Geliefert wird er zeitgenau.
Der Bote legt die Rechnung vor –
BACH wie gewohnt: „Sag's meiner Frau"!

Die Trauer sollt' nicht lange währen,
Bald liebt er Anna Magdalena,
Als Sopranistin hoch in Ehren,
Bald sind auch schon die ersten Weh'n da.

Mit ihr zeugt 13 Kinder er,
Der Meister kennt die Kunst der Fuge.
Fürst Leopold erweist BACH Ehr',
Steht Pate bei ihm Zug um Zuge.

Dann war auch hier sein Stern am Sinken,
Amusisch war die Herzogin.
Ein neues Glück sollt' BACH nun winken.
Es zog ihn stark nach Leipzig hin.

Als Nonplusultra der Musikkarriere
Galt im Barock der Thomaskantor
In Leipzig – und natürlich große Ehre.
Doch fand er als Bewerber schon zwei Mann vor.

Mit Graupner und mit Telemann
War die Elite schon im Saal.
Die sagten ab – trotz Sieg – sodann,
Da nahm man BACH als „dritte Wahl".

Als Kantor und Musikdirektor
Auch des Collegium musicum,
Behrerrscht er den Kantatensektor,
Schreibt wöchentlich ein „Unicum".

Dabei scheint durch auch BACH's Humor
Am Beispiel der Kaffee-Kantate,
Die führt im Kaffeehaus man vor,
Erstmals steht's Bürgertum hier Pate.

Ein Auftrag kommt selbst aus Berlin –
Der „Alte Fritz" ist ferner Gönner.
Ein leichtes Thema wirft der hin.
Das variiert der große Könner.

Von chronisch progredienten Leiden
Bleibt auch ein Genius nicht verschont,
Die fast Erblindung ihm bereiten,
Ein Starstich wurde nicht belohnt.

Der rechte Arm ist wie gelähmt,
Kann Noten kaum mehr niederschreiben.
Der wilde Schaffensdrang gezähmt,
Ihm wen'ge Wochen noch verbleiben.

Vermutet wird ein Diabetes
Als Ursache des Schlaganfalles.
Trotz Willenskraft nicht weiter geht es
Und so vollendet sich dann alles.

Sein Andenken lebt' in den Söhnen,
Die Welt jedoch vergaß ihn schnell.
Sein Meisterwerk aus hehren Tönen
Wird später neuer Lebensquell.

Von über 1000 seiner Werke,
Die er im Leben komponiert',
Wurden trotz musikal'scher Stärke
Zu Leb'zeit acht nur publiziert.

Manch' Manuskript blieb uns erhalten –
Bach schöpfte immer aus dem Vollen –
Doch vieles was er konnt' gestalten,
Das blieb für immerdar verschollen.

Aus seinem Fundus schöpften Mozart
Und Beethoven für ihre Werke.
Es floß der BACH anfänglich so zart,
Schwoll an zu breiten Stromes Stärke.

In Leipzig später sein Protektor
Ist Felix Mendelssohn – Bartholdy.
BACH-Renaissance nimmt er perfekt vor,
Manch' BACH-sches Werk wird nun zum „Oldie".

Das setzt sich strikt bis heute fort,
BACH hat sich stark des Volks bemeistert.
In Dornheim an histor'schem Ort,
Ist jeder, hoff' ich, BACH-begeistert.

Sein Werk den Weg zum Menschen findet,
Musik, die Offenbarung ist.
Himmel und Erde fest verbindet.
BACH ist uns 5. Evang'list.

Als „Urvater der Harmonie" (Beethoven)
Und größter Musiker des Abendlandes
Gilt BACH uns als d a s Tongenie.
Sein Werk – die ganze Welt umspannt es.

Doch ist er auch als Mensch vollsaftig,
Ein Mann der weltlich off'nen Tat.
Voll Güte, Zorn, Humor – wahrhaftig.
Der Stärken und auch Schwächen hat.

Er steht für Improvisation,
Ein Thema stets zu variieren.
Und wär' er nicht gestorben schon,
Würd' er 'ne Jazzband dirigieren.

P.S.: Nachdem ich es Tochter Ulrike vorgelesen
hatte:

Dies' war'n der Verse 64,
Doch BACH wurd' 65 Jahr'.
Da hat Ulrike sehr geschwächt mich:
Nun ist komplett das Kalendar.